中华传统文化主题故事读本

革故鼎新

高滨　杜威　主编

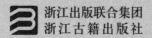

浙江出版联合集团
浙江古籍出版社

总序

习近平总书记在《在纪念孔子诞辰 2565 周年国际学术研讨会暨国际儒学联合会第五届会员大会开幕会上的讲话》中指出："包括儒家思想在内的中国优秀传统文化中蕴藏着解决当代人类面临的难题的重要启示，比如，关于道法自然、天人合一的思想，关于天下为公、大同世界的思想，关于自强不息、厚德载物的思想，关于以民为本、安民富民乐民的思想，关于为政以德、政者正也的思想，关于苟日新日日新又日新、革故鼎新、与时俱进的思想，关于脚踏实地、实事求是的思想，关于经世致用、知行合一、躬行实践的思想，关于集思广益、博施众利、群策群力的思想，关于仁者爱人、以德立人的思想，关于以诚待人、讲信修睦的思想，关于清廉从政、勤勉奉公的思想，关于俭约自守、力戒奢华的思想，关于中和、泰和、求同存异、和而不同、和谐相处的思想，关于安不忘危、存不忘亡、治不忘乱、居安思危的思想，等等。"

为了深入挖掘和阐发中华优秀传统文化的内在价值，让青少年感受其精髓，深化其根基，我们策划了《中华传统文化主题故事读本丛书》。本套丛书共八册，分别是《顺天应时》《爱国励志》《修身齐家》《清廉简约》《诚信仁爱》《勤勉敬业》《勇毅果敢》《革故鼎新》。

希望本套丛书能充分发挥故事的力量，让青少年不但获得中华优秀传统文化的滋养，更能以古代杰出人物为榜样，有所领悟，有所获得，有所借鉴。

目录

商汤灭夏

　　夏桀是历史上有名的暴君，他荒淫无道，残忍狠毒，挥霍无度，常年不理国政，生灵涂炭，诸侯离心离德。商汤看到这种局面，暗暗打定主意，要取而代之。他对内大力发展畜牧业和农业，增强国力；对外实行仁政，联络和争取诸侯。商汤的威望越来越高。

　　夏桀得知商汤正在扩张势力，于是派使臣将商汤召至夏都，下令将商汤囚禁在夏台（夏朝设立的监狱）。商汤的得力助手伊尹和仲虺得知夏桀囚禁商汤以后，搜集了许多珍宝、玩器和美女献给夏桀，请求释放商汤。夏桀为珍玩、美女所迷惑，不顾左右劝谏，下令释放了商汤。

　　公元前 1600 年左右，商汤正式兴兵讨伐夏桀。在会战开始之前，他举行了隆重的出征誓师活动，申明自己是秉承天意征伐夏桀，目的是救民众于水火之中。

　　商汤宣读了一篇伐夏的誓词："大家听我说，并不是我敢于以臣伐君，犯上作乱。乃是由于夏王桀罪恶滔天，上天命我去诛伐他。他不顾稼穑之苦，伤害夏朝传统的政事。侵夺百姓农事生产成果，收敛诸侯的财物，供自己享乐挥霍。夏朝百姓居无宁日，指着太阳咒骂他何日灭亡，大家都情愿同他一起消亡。桀的罪状如此之多，以致天怒人怨。上天授命于我，我怕上天惩罚我，不敢不率领大家征伐他。"

商汤还宣布了严格的战场纪律。经过誓师动员，商军士气大振，都表示愿意与夏军决一死战。

誓师后，商汤选良车七十乘、敢死队六千人，联合各方国军队，采取大迂回战略，绕道至夏都以西突袭夏都。夏桀仓促应战，抵抗商汤，先与商军战于蒲州一带，后退守鸣条。

两军在鸣条交战的那一天，正赶上大雷雨天气，商军不避雷雨，勇敢奋战，夏军败退不止。夏桀见兵败不可收拾，就带领五百残兵向东逃到了三朡。三朡是夏王朝的一个方国，见夏桀兵败逃来，立即陈兵布阵保护夏桀，并扬言要与商汤决一死战。商汤和伊尹见夏桀投奔三朡，立即挥师东进。两军在成耳交战，最终以商军打败三朡军而告结束。夏桀见三朡又为商汤所灭，便带着五百残部继续向南逃走。就这样，夏桀一路向南逃亡，不久病死。

商汤取代夏朝，定都殷，史称"殷商"。

周幽王是个荒淫无道的昏君，终日沉溺酒色，不理朝政。他不仅重用佞臣虢石父，盘剥百姓，还举兵攻伐西戎，大败而回。大臣褒珦劝谏周幽王，周幽王非但不听，反而把褒珦关押了起来。

褒珦在监狱里被关了三年，褒族人千方百计地想把褒珦救出来。他们听说周幽王好美色，就下令广征天下美女，终于在褒城内找到一位姒姓女子，美艳绝伦。他们教她唱歌跳舞，并把她打扮起来，起名褒姒，献给周幽王。

周幽王得到褒姒以后，十分宠幸她。褒姒虽然生得漂亮，却冷若冰霜，自进宫以来就没有笑过。周幽王为了博褒姒一笑，想尽了一切办法，可是褒姒终日不笑。褒姒说："撕裂丝绸的声音好听。"幽王说："那好办。"就拿出丝绸百匹让宫女们一一撕裂，宫内整天响起丝绸撕裂时"嘶嘶"的声音，褒姒却依然没有笑容。幽王觉得很奇怪，问褒姒："你喜欢听撕裂丝绸的声音，可这么长时间了，为什么不笑呢？"褒姒说："我从来就没笑过。"幽王说："我一定让你开口笑。"这时佞臣虢

石父替周幽王想了一个主意："我请陛下和王妃同游骊山，晚上点燃烽火，诸侯以为外寇来犯，必带兵来救，来了又无事，王妃必笑无疑。"

原来，西周时期，为了防备外族侵扰，骊山一带修筑了二十多座烽火台，每隔几里地就是一座。一旦外族进袭，首先发现的哨兵立刻在台上点燃烽火，邻近烽火台看到后随继点火，向附近的诸侯发出警报。诸侯见了烽火，知道京城告急，天子有难，必须赶来救驾。

昏庸的周幽王采纳了虢石父的建议，马上带着褒姒，由虢石父陪同登上了骊山烽火台，命令守兵点燃烽火。各地诸侯一见警报，以为边防告急，果然带领本部兵马急速赶来救驾。到了骊山脚下，只听到山上一阵阵奏乐和唱歌的声音，原来周幽王和褒姒正高坐台上饮酒作乐。周幽王派人告诉他们说："辛苦大家了，这儿没什么事，不过是陛下和王妃放烟火取乐。"诸侯这才知道被戏弄了，愤愤而回。褒姒见千军万马招之即来，挥之即去，如同儿戏一般，觉得十分好玩，禁不住嫣然一笑。周幽王大喜，立刻赏赐虢石父千金。周幽王为博褒姒一笑数次戏弄诸侯，诸侯渐渐地再也不来了。

为进一步讨褒姒欢心，周幽王废黜了王后申氏和太子宜臼，册封褒姒为后，立褒姒的儿子伯服为太子，并下令废去申氏的父亲申侯的爵位，还准备出兵攻伐他。申侯得到这个消息，先发制人，联合外族进攻镐京。

　　这一次，烽火台上白天冒着浓烟，夜里火光烛天，却没有一个救兵前来。外族势如破竹，很快攻下镐京，周幽王也命丧于此。至此，西周宣告灭亡。

齐桓公九合诸侯

　　齐桓公即位后，任用管仲为相，君臣同心，励精图治，齐国国力大增。

　　随着齐国日益富强，齐桓公称霸的野心也越来越强烈。有一天，他急不可耐地对管仲说："咱们兵精粮足，是不是可以会合诸侯，共同订立盟约？"管仲说："咱们凭什么去会合诸侯呢？大家同是周王朝的诸侯，谁能服谁呢？周天子虽然势弱，但毕竟还是天子，谁敢比他大？"于是管仲建议齐桓公打出"尊王攘夷"的旗号，在中原建立霸主地位。他解释道："'尊王攘夷'就是尊崇周天子为领袖，联合中原各路诸侯，共同抵御外族入侵。以后谁有难处，大伙儿就帮谁；谁不讲理，大家就一起讨伐他。"齐桓公说："这个计策很好，只是不知如何着手。"管仲回答道："就从新天子即位这件事着手，主公借此向天子朝贺，并给他提个建议，说宋桓公刚即位，地位不稳，宋国国内动荡不安，请天子下道命令，明确宋桓公的国君地位。主公手里有了天子的命令，就可以召集诸侯，订立盟约。这样做的话，谁还能反对？"齐桓公听了点头称赞，决定马上照此办理。

这时的周王室已是空架子，各路诸侯根本不理会朝觐天子的事情。周釐王刚刚即位，居然有齐国这样的大国派遣使臣来朝贺，兴奋不已，于是就把召集诸侯、确认宋国君位的差使委派给了齐桓公。

　　齐桓公奉了周天子的命令，向各诸侯发出通知，约定在齐国北杏会盟，共同确定宋国君位。由于当时齐桓公威望不高，到了会盟日期，只有宋、陈、邾、蔡四国诸侯到会，而鲁、卫、郑、曹等国都在窥测风向。齐桓公感到有些难堪，想改变会期，管仲劝谏道："第一次会盟绝不可失信。常言道：'三人成众。'现在已然来了四国，可以按时会盟。"五国诸侯会见完毕后，推举齐桓公为盟主，并在会上订立盟约。盟约规定：尊重天子，扶助王室；共同抵御外族入侵；扶弱济困，帮助有困难和弱小的诸侯。

　　会盟后，齐桓公首先率军灭掉了没来会盟的遂国，先后击败了鲁、郑两国，迫使他们求和。后来，齐桓公在鄄地再次举行会盟，这一次各诸侯国基本承认了齐桓公的霸主地位。

　　过了十多年，北方的燕国被附近的一个部落侵犯，打了败仗，派遣使者向齐国求救。齐桓公听说后，二话没说，率领大军前去营救。齐国大军到达燕国时，敌人已经掠夺一批百姓和财宝逃回去了。齐燕两军联合起来，一路向北追去。没想到他们被敌人引进一个迷谷，找不到原来的道路了。这时管仲想出一个主意来，他对齐桓公说："马认得路，不如找几匹当地的老马，让它们在前面带路，也许能走出这个地方。"后来几匹老马果然领着大军出了迷谷，齐燕联军也取得了胜利。后来，邢国也遭到侵犯。齐桓公又带着人马去邢国，帮助邢国重筑城墙。接着，卫国又遭到入侵，齐桓公帮助卫国在黄河南岸重建国都。

　　齐桓公的威望越来越高，只有南方的楚国不但不服，还跟齐国对立起来，要跟齐国比个高低。

公元前 656 年，齐桓公约会了宋、鲁、陈、卫、郑、曹、许七国军队，联合进攻楚国。楚成王得知消息，也集合了人马准备抵抗。他派了使者去见齐桓公，说："我们大王叫我来请问，齐国在北面，楚国在南面，两国素无往来，真叫作风马牛不相及。为什么你们的兵马要跑到这儿来呢？"

管仲责问说："我们两国虽然相隔很远，但都是周天子封的。当初齐国太公受封的时候，曾经接到一个命令：谁要是不服从天子，齐国有权征讨。你们楚国本来每年向天子进贡包茅（用来滤酒的一种青茅），为什么现在不进贡呢？再说周昭王南征没有回来。因此来责问。"使者说："没进贡包茅，这是我们的过错，以后一定进贡。"使者走后，齐国和诸侯联军又拔营前进，一直到达召陵。

楚成王又派屈完去探问。齐桓公为了显示自己的军威，请屈完一起坐上车去看中原来的各路兵马。屈完一看，果然军容整齐，兵强马壮。

齐桓公趾高气扬地对屈完说："你看，这样强大的兵马，谁能抵挡得了？"屈完淡淡地笑了笑，说："君侯协助天子，讲道义，扶助弱小，人家才佩服你。要是凭武力的话，那么，楚国国力虽然不强，但是用方城（楚国所筑的长城）作城墙，用汉水作护城河。你就是带再多的人马来，也未必能打得进去。"

齐桓公估量也未必能轻易打败楚国，而且楚国既然已经承认错误，答应进贡包茅，也算有了面子。就这样，中原八国诸侯和楚国一起在召陵订立了盟约，然后各自回国。召陵之盟收到了"不战而屈人之兵"的效果，在一定程度上对楚国起到了威慑作用，这是齐国在政治上取得的重大胜利。此后二十余年间，楚国没有北进争郑，而是掉头东向，向淮河流域发展势力。

　　齐桓公最后一次会合诸侯，是在宋国的葵丘，这次盟约的主要内容是：修水利，防水患，不准把邻国作为水坑；邻国有灾荒来买粮食，不应该禁止；凡是同盟的诸侯，在订立盟约以后，都要友好相待。

　　历史上称齐桓公多次会合诸侯为"九合诸侯"。齐桓公作为春秋五霸之首，创建霸权四十余年，对维持中原的稳定局面，有很大的历史功绩。

孔子周游列国

孔子的祖上是宋国的贵族，孔子的父亲叔梁纥为了避宋国战乱逃到鲁国陬邑定居，是个地位不高的武官。孔子三岁时父亲去世，由母亲抚养长大。孔子十分崇拜周朝初年制礼作乐的周公，因此对古礼特别熟悉。当时读书人应当学的"六艺"，也就是礼、乐、射、御、书、数，他都颇为精通。孔子办事认真。当管理仓库的小吏时，物资从来不会短缺；后来当管理牧业的小吏，牛羊也繁殖得很快。由此，他当上了鲁国的司空。

鲁定公十二年（前498），鲁国有三桓，即季孙氏、叔孙氏、孟孙氏三家世卿，当时的鲁国政权实际掌握在他们手中。而三桓的一些家臣又在不同程度上控制着三桓，孔子与三桓的矛盾也随之尖锐。鲁定公十三年（前497）春天，齐国送八十名美女到鲁国，季桓子接受了女乐，沉迷歌舞，不理朝政。孔子对此非常失望。不久鲁国举行郊祭，按照惯例，祭礼后要给大夫们送祭肉，然而却没有送给孔子。孔子在不得已的情况下离开鲁国，到外国去寻找出路，开始了周游列国的旅程。这一年，孔子五十五岁。

孔子先后到过卫国、曹国、宋国、郑国、陈国、蔡国、楚国。

孔子乘车到卫国去，冉有为他驾车。孔子说："人口真多呀！"冉有说："人口已经够多的话，还要再做什么呢？"孔子说："使他们富起来。"冉有说："富了以后还要做些什么呢？"孔子说："对他们进行教化。"卫国的国君对孔子一直礼遇有加，但是不久就有人诽谤孔子，孔子担心获罪，在卫国住了十个月就带着学生们离开了。

孔子离开卫国到曹国去，但曹国不能安身，又跑到了宋国。到了宋国地界，在一棵杏树底下，孔子开坛讲学，吸引了不少围观者。宋国有个宠臣怕国君重用孔子，对他不利，就把那棵杏树砍倒，逼得孔子只好离开宋国，上郑国去了。到了郑国，孔子跟他的一些门生失散了，垂头丧气地站在东门口。子贡沿路找他，有人告诉子贡："东门口站着一个老头儿，他的脖子像皋陶，肩膀像子产，腰以下比大禹短三寸，丧荡得好像一只无家可归的野狗，不知道是不是你老师。"子贡到了东门口一瞧，果然是他老师。子贡把郑国人所说的话一五一十地告诉孔子。孔子听了笑着说："皋陶、子产、大禹我都不像，要说一只无家可归的野狗，这倒挺像！"

孔子后来又到了陈国，在一位同情他的大臣家里住了三年。这时候，晋国和楚国争夺陈国，紧接着吴国又来攻打陈国。陈国局势越来越动荡，孔子打算返回卫国。他们到了蒲城以后，可巧蒲城打起仗来了。兵荒马乱，孔子夹在当中，进退两难。幸亏蒲城有个勇士叫公良孺，他也是孔子的门生，带着五辆车马来保护老师。可是蒲城的贵族提出一个条件，他们说："我们跟卫国有仇怨，您答应我们不上卫国去，我们就让您出去。"孔子答应了。他们非要孔子起誓立约。孔子就向天起了誓。公良孺这才保护着孔子和他的门生们逃了出来。孔子一逃出蒲城，马上就上路往卫国去。子贡问孔子："老师不是刚刚才发过誓？您怎么不遵守誓言呢？"孔子说："强迫发的誓不算，这种约就算不遵守，老天爷也不管。"

孔子到了卫国，住在蘧伯玉家里。卫灵公一听说孔子又回来了，高兴地欢迎他，并向孔子讨教操练兵马和打仗的计策。孔子对他说："我只懂得关于礼节和道德这些事，没学过打仗。"卫灵公一听这话，心都凉了。孔子又离开卫国。

楚昭王听说孔子在陈国和蔡国一带待着，就派人去请他。这时候，陈国和蔡国正与楚国交恶，一见楚国派人来请孔子，就把孔子当作敌人，派兵将孔子围住了。好在孔子的门生当中有好些人是能打仗的。这时孔子在陈国已经断了粮，随行的人都饿病了，不能起身。子路愤愤不平地说："难道君子也有穷困的时候吗？"孔子说："君子、小人都会遇到困难，可是君子遇到困难不变节，小人遇到困难就乱来了。"

孔子一面和学生们谈论，一面派子贡到楚国去接头。到了第四天，楚国的兵马到了，总算把孔子他们接到楚国去。楚昭王打算封给他一块土地。楚国的令尹子西反对这件事，他说："大王千万别小瞧了孔丘。他不像个当臣下的人。要是他们有了地盘，慢慢地往大里发展，到那时，大王想管可就管不住了！"楚昭王一听，对待孔子的一片热心瞬间就凉了下来。

孔子知道楚国也不会重用他，于是决定回到卫国或者鲁国去。孔子在回卫国的路上，瞧见两个正在耕地的人，便让子路去询问渡口。有一人问子路说："车上那个人是谁？"子路说："是孔丘。""是鲁国的孔丘吗？"子路说："是的。""他早该知道渡口在哪儿了。"子路又去问另一个人。那人说："你是谁？"子路说："是仲由。""天下都乱成这样，谁能改变得了呢？你与其跟着孔丘，还不如跟着我们这些避世隐居的人呢？"说了这些话后，他们就不再理睬子路，继续耕地。子路回来后把他们的话告诉给孔子。孔子想了一想，说："正因为到处乱哄哄的，我才跑来跑去呀！要是天下太平，我何必到处奔波呢？"

十四年的漂泊生活，如同丧家之犬，最后，他还是回到了鲁国，把精力放在整理古代文化典籍和教育学生上面。他死后，他的弟子继续传播他的学说，形成了儒家学派，孔子则是儒家学派的创始人。

墨子救宋

墨子是墨家学派创始人，在先秦时期影响很大。他提出了"兼爱""非攻""尚贤""非乐""节葬""节用"等观点；崇尚和平，反对战争。可是，春秋末期，诸侯之间相互攻伐，相继称霸。

楚国当时是南方的大国、强国，而宋国是中原地区的小国、弱国。楚王为攻打宋国，聘请公输般制造了一批进攻器械云梯。宋国危在旦夕。墨子听到这个消息，非常震惊，一面研究抵抗楚国进攻的战术，派他的学生禽滑厘带领三百多人前往宋国支援；一面准备干粮，亲自前往楚国，劝说楚王不要侵犯宋国。

墨子从鲁国起程，途经宋国，宋国境内土地贫瘠，看不见一所像样的房子，看不见一棵大树，十分荒凉。墨子日夜兼程，走了十天十夜才到达楚国的都城郢。这里街宽屋高，商店货物充实，人们衣着干净，相比之下，墨子倒像个乞丐。他找到公输般的住址，会见了公输般。公输般说："你大老远来找我，有什么事呀？"墨子说："北方有个人欺侮了我，我想请您杀了这个人。"公输般一听，很不高兴。墨子说："我给一千两金子，

墨子救宋

这还不行吗？"这句话让公输般更为恼火，愤然说："我讲仁义，决不杀人！"墨子听了公输般的话，心中暗自高兴，对公输般说："你讲仁义，不杀一个人，却要去杀很多宋国人。咱们就讨论一下你刚才说的仁义吧。我听说你造了云梯，准备用它攻打宋国，宋国有什么罪呢？楚国有的是土地，只是人口不足。现在要牺牲不足的

人口去掠夺有余的土地，这能算仁义吗？"公输般见墨子说得有道理，竟无言以对。

墨子问："既然你认为我说的有道理，为什么不取消攻打宋国的主张呢？"公输般说："恐怕楚王不肯改变主意。再说，我已经答应了楚王。"墨子说："为什么不带我去见楚王呢？"于是公输般带墨子去见楚王。

楚王知道墨子是北方大贤，经公输般引荐，立刻接见了墨子。墨子见了楚王，对楚王说："我有一件事，怎么也想不明白，特来向大王请教。"楚王说："先生请讲。"墨子从容地说："现在这里有一个人，不要他自己的彩车，邻居有一辆破车，却想去偷它；不要他自己绸缎制成的衣服，邻居有一件粗布短衣，却想去偷它；舍去美味佳肴，邻居有糟糠，

却想去偷它。这是一个什么样的人呢？"楚王说："这个人一定是得了偷窃病。"墨子又说："楚国方圆五千里，宋国只有五百里，这相当于彩车与破车的差别。楚国有云梦大泽，有各种珍禽走兽，有长江、汉水，各种鱼类应有尽有，可谓富甲天下；可是宋国连野鸡、兔子、狐狸都没有，这简直就是佳肴和糟糠的差别。楚国有松、梓、楠、樟等名贵木材，而宋国连棵像样的大树都没有，这简直是华丽的绸缎与粗布短衣的差别。在这样的情况下，楚国还要攻打宋国，这与患偷窃病的人有什么区别呢？大王果真去攻打宋国，不仅不能占据宋国，反而会损害楚国的利益。"

楚王说："你说得有理。但公输般为我造好了云梯，我已经训练好攻城的士兵，攻占宋国，势在必行！"墨子不以为然地说："没错，云梯造好了，士兵也训练好了，但胜败还很难说，大王不信，可以一试。"楚王好奇，让侍臣取来木片当作云梯和攻城的士兵。

于是墨子解下腰带，围成一座城的样子。公输般多次设计攻城用的云梯等器械，墨子多次抵住了他的进攻。公输般攻城的计策用完了，而墨子守城的计策还绰绰有余。公输般又心生一计，说："我知道用什么办法对付你了，但我不说。"楚王问什么原因，墨子说："他的意思，不过是想杀了我。杀了我，宋国就没人能防守了，就可以进攻了，但我的学生禽滑厘等三百多人，已手持器械在宋国都城上等待着你们入侵了！即使你们杀了我，同样也不能得逞。"楚王无奈，只好取消了攻打宋国的念头。

墨子顺利完成了救宋的使命。从楚国归来时，恰巧天下大雨，他想前往宋国的城门避雨，却被宋国守门士兵赶走了。

　　田氏原是妫姓陈国的后裔。齐桓公时期，陈国发生内乱，嫡庶争立，陈太子御寇被杀，公子陈完逃到齐国。齐桓公于是任用陈完为工正，掌管百工。陈完的后代，又称田氏，在齐国繁衍生息起来。当时有卜辞预言："凤凰于飞，和鸣锵锵。有妫之后，将育于姜。五世其昌，并于正卿。八世之后，莫之与京。"

　　陈完刚到齐国时，非常谨慎。齐桓公宴请陈完饮酒，到了晚上，齐桓公想点上蜡烛夜饮，陈完说："我曾经进行占卜，卜辞认为饮酒只宜白天。"齐桓公只好作罢。陈完的后裔陈文子在齐国处事也一直谨慎小心。第二次会盟规定：齐国作为北方二等大国，可以不朝见楚国，但没有说可以不朝见晋国。因为齐国在与晋国的多次较量中皆以失败告终。庆封专政时期，对晋国态度非常傲慢，不派使者到晋国朝聘。陈文子却认为："齐国力量弱小，还不能与晋国抗衡，朝见晋国理所当然。"当庆封在齐国受到激烈反对时，陈氏是推翻庆封的大家族之一。在斗争中，陈氏又是掩护齐景公安全的功臣。从此以后，陈氏在齐国政坛上开始崭露头角。

齐景公是一个非常昏庸的国君，执政时期，征敛无度，鱼肉百姓。任由聚敛的财货在府库中朽烂，而齐国人民竟然受冻挨饿，无衣无食；况且刑罚苛重，民不聊生，百姓稍有不对，就被砍去双脚，齐国的集市中，买假脚的人很多，而鞋子竟没有人买。当齐景公大肆搜刮民财的时候，陈氏家族却在收买人心。齐国用以称量粮食的量具有四个单位：豆、区、釜、钟。四升为一豆，四豆为一区，四区为一釜，十釜为一钟。陈氏自家的量具则是五升为一豆，五豆为一区，五区为一釜，十釜为一钟。所以陈氏自家的量具比齐国公室量具要大得多。陈氏以自家的大量具向外借贷，而以齐公室的小量具收回；陈氏把山上的木材运到集市上出售，价钱与山上的木材一样，不加运费；鱼盐之类的海产品在市场出售，亦不加运费。陈氏的这些做法与齐景公的聚敛搜刮形成鲜明对比。齐国人对陈氏爱之如父母，归之如流水。

　　陈氏以厚施于民的方式，得到了齐民的支持，然后又开始以计谋翦灭齐国的大族。陈桓子首先拉拢鲍氏，诈称支持齐景公的子雅、子尾想要攻打陈、鲍二家。陈、鲍二家趁子雅、子尾毫无防备，先下手为强，攻灭了子雅、子尾二家。齐景公死后，晏孺子即位。陈桓子之子陈乞又发动齐国的大夫攻伐齐国重臣国氏、高氏，杀死高昭子，逼走国惠子，国君晏孺子被迫逃到鲁国。陈乞派人召回了逃奔在鲁的齐公子阳生，立他为傀儡国君，这就是齐悼公。紧接着，陈乞又以鲍氏叛君为借口，杀掉了鲍牧。此时，齐国的大族一个个被消灭，大权完全掌握在陈氏手中。

　　齐悼公即位四年之后被杀，其子壬即位，是为齐简公。齐简公对陈乞怀着极大的戒心，依靠监止执政，疏远陈氏。陈乞死后，陈常继立。陈常发动兵变，杀死了齐简公。陈常又立简公弟骜为国君，是为齐平公。自此，陈常专政。陈常为了扩大自己的势力，把齐国自安平以东直至琅琊的土地割给自己为封邑。陈氏所控制的地盘大于齐公室控制的土地。齐平公时，陈氏在齐国被称为田氏，陈常又被称为田常、田成子。田常为了更快地夺取齐国，对齐平公说："赏赐，人都感谢，请您执掌赏赐之事宜；刑罚，人人都怨恨，请让我来执掌刑罚。"这样，田常攫取了齐国的刑罚大权，尽诛齐之大族。齐平公在田常的摆布之下，不敢有任何反抗，在位二十五年而卒。至齐康公时，姜氏政权彻底覆灭。田氏自立为齐君，仍定国号为齐，史称田太公。齐国的江山从此改姓。

三家分晋

春秋晚期，晋国被韩氏、赵氏、魏氏、智氏、范氏、中行氏六卿专权。公元前 490 年，赵氏击败范氏和中行氏。公元前 458 年，范氏和中行氏的土地被韩、赵、魏、智氏四家瓜分完毕。

四家卿大夫分别是韩虎、赵鞅、魏驹和智瑶，其中智瑶的势力最大，把持晋国大权。一天，智瑶想起郑国不向周天子朝贡，便来见赵鞅，约他同去伐郑，辅助周室，意图继承晋文公的事业，当上霸主。赵鞅当时患病，推辞道："我年老多病，不能陪你前去。"话还没说完，智瑶便冷冷地说："区区郑国，难道我自己就对付不了吗？"说罢大笑。赵鞅说："大夫用兵胜我十倍，我虽不能去，可命令我儿赵无恤随大夫去，听候指挥。"智瑶和赵无恤等杀向郑国，连夺九座城池，郑国国君慌了，派使者来见智瑶，献出骏马四匹、白璧一双，向智瑶谢罪。智瑶答应了郑国的求和，又把所夺的九座城池还给了郑国。

不久，赵鞅病重，他知道自己时日无多，便对赵无恤说："我死后，你要好好继承我的事业，只怕智瑶不能容你，如国家有变，只有晋阳城池坚固，民心归顺，可以作为依托。"赵鞅死后，赵无恤承袭了爵位，做了晋国大夫。

有一天，智瑶派家臣来见赵无恤，说有机密大事与赵无恤商量。赵无恤来到智府，见韩虎、魏驹已经先到。智瑶满面愁容地说："我们四家为晋国立下不少功

劳，可是昏君要驱除我们。"原来晋国国君晋出公痛恨四家大夫势力太大，专断独行，便暗地向齐、鲁借兵，想用武力驱逐他们。智瑶与齐、鲁当权大臣暗通，得到消息，便邀请三家来商议。智瑶主张驱逐昏君，韩虎、魏驹和赵无恤都应声附和。晋出公正在焦急等待齐、鲁的回音，忽然得知智瑶等四家带兵前来攻打。无奈，只好打开东门，慌慌张张逃到齐国去了。智瑶又立了新国君，即晋哀公。从此智瑶独揽晋国大权，有代晋自立的打算。

智瑶妄想侵占其他三家的土地，于是，他以晋国国君的名义，对赵、魏、韩三家大夫说："晋国原本乃是中原霸主，如今却失去了霸主地位。为了重新振兴晋国，我主张每家都拿出一百里土地和户口归还给公家。"

三家大夫都知道智瑶的算盘——想以公家的名义逼他们交出土地。可由于三家人心不齐，韩虎首先把土地和一万户人口割让给了智家；魏驹不愿得罪智瑶，也把土地、户口让了。唯有赵无恤坚决不从，他愤然道："土地是上代留下来的产业，说什么也不能送人！"智瑶知道后大怒，马上命令韩、魏两家发兵共同讨伐赵氏。

公元前 455 年，智瑶、韩虎、魏驹率领三队人马直奔赵地。赵无恤自知寡不敌众，于是便率军退据晋阳。赵无恤巡视全城，只见城池坚固，府库充实，粮草充足，只是缺乏御敌所用的箭矢。于是，他们用建筑宫室的材料做箭杆，用铜铸的柱子来造箭头。一切准备就绪。

不多时，智瑶率领的三家人马已经把晋阳城团团围住。这时晋阳百姓结队前来，赵无恤对谋士张孟谈说："百姓愿意出力，气势大盛，我们出城一战，如何？"张孟谈摇了摇头说："不可，敌众我寡，战未必胜，不如坚守城池，等待变化。韩、魏两家与我们无仇，他们虽然出兵，却与智瑶不是一条心，不出数月，必定互相猜疑。"赵无恤吩咐将士们坚决守城，不许交战。逢三家兵士攻城的时候，城头上箭好像飞蝗似的落下来，使三家人马没法前进一步。双方相持了两年之久。三家兵马始终没能把晋阳攻下来。

公元前 453 年，智瑶引晋水淹晋阳城，几天后，晋水淹到离城头约两米的地方，城内汪洋一片。城里的房子被淹了，老百姓不得不跑到房顶上去避难；灶头也被淹没在水里，人们不得不把锅挂起来做饭。一些没有粮食的百姓甚至易子而食。赵无恤手下的大臣也人心惶惶，形势十分危急。

智瑶以为胜利指日可待，他与韩虎、魏驹一起视察水情，得意扬扬地说道："原来水是可以使国家灭亡的呀！"韩康子与魏桓子听后相顾无言，彼此心中却暗暗害怕：原来魏家的封邑安邑和韩家的封邑平阳旁边各有一条河。智瑶的话正好提醒了他们：既然水能淹晋阳，说不定哪一天安邑和平阳也会被智瑶淹掉。

智瑶的家臣对智瑶说："韩、魏两家肯定会反叛。"智瑶问："为什么呢？"家臣说："赵城已经在我们的控制下了，但韩、魏两家并无欢喜之情，反倒忧心忡忡，他们担心自己会步赵无恤的后尘，只怕已是心怀异志。"第二天，智瑶用家臣的话试探韩、魏两人，两人都信誓旦旦地表示永远效忠于他，于是智瑶消除了疑虑。

两人告辞后，家臣进来对智瑶道："刚才他们出去的时候，看我的眼神慌张，你是不是将我跟你说过的话和他们说了？"智瑶不以为意。于是这个家臣请求出使齐国，避祸去了。

晋阳危在旦夕，赵无恤的谋臣张孟谈自告奋勇，深夜用一根绳子从城墙上溜下来，乘小船潜入韩、魏两家军营，对韩虎与魏驹说："所谓唇亡齿寒，赵灭亡之后就要轮到你们了。"

韩、魏考虑到自身的利益，愿意同赵联合攻智，他们说："我们参战本来是迫不得已，智瑶专横跋扈、野心勃勃，他灭赵以后迟早要把矛头对准我们，因此我们愿意背弃智瑶，与赵无恤联合。"

正当智瑶沉浸在独霸三家的美梦之中时，猛然间听见一片厮杀之声。他连忙从卧榻上爬起来，定睛一看，兵营里全是水。智瑶惊慌不已，霎时，四面八方响起了战鼓声，赵、韩、魏三家的士兵驾着小船、木筏一齐冲杀过来。在赵、韩、魏三军的合攻下，智瑶一败涂地。智瑶本准备驾小船逃跑，却被赵无恤抓住杀掉了。于是赵无恤灭掉了智氏一族，韩、赵、魏三家平分了智氏的土地和财产，各自建立了政权。

李悝变法

公元前 403 年，韩、赵、魏三国国君被周天子承认，完成了三家分晋的最后一步，成为战国时期的新兴国家。作为从晋国新分离出来的魏国，立国初期的运气很不好。魏国的国土，包括今天的山西南部、河南北部以及陕西、河北的部分地区，基本位于中原腹地。魏国的东面是齐国，西面是秦国，南面是楚国，北面是赵国，魏国夹在中间，地理位置上处于劣势。

魏国建立初期，李悝曾经担任过中山相和上地守，这两个地方，都是在毗邻秦国的西北边境上。李悝曾经多次率军和秦国交战，能得到魏文侯的赏识，一是因为他的老师子夏是魏文侯的重臣，二是因为他的变法思想，切中了魏国的弊病。在经历了数年地方官的磨砺之后，李悝最终成为魏国重臣，开始全面推行他的变法主张。

李悝根据魏国的实际情况，制定了一系列的改革措施。废除井田制，将土地买卖合法化。派人测量土地的量产，根据不同的量产标准，制定合理的税收政策。百姓觉得税收制度趋于合理，提高了粮食种植的积极性。除此之外，李悝为了增加国家的粮食储存量，鼓励百姓多多开垦荒地。这也是李悝重农的表现之一。

为了提高军队的战斗能力，李悝在军队实行考核法。所谓考核法，就是对军队里面的士兵进行综合考核，优秀者给予奖励。除此之外，李悝还实行科学的军队编排，根据士兵们擅长的领域对他们进行划分。这样一来，每位士兵都能发挥他们的优势，大大地提高了军队作战能力。

李悝改革最大的闪光点就在于他废除了世袭制度。选拔人才时，李悝认为国家应该广纳贤才，依据个人能力入朝为官，吸引优秀的人才，推动整个国家的发展。李悝还建议魏文侯将旧贵族的世袭俸禄取消，用这笔钱吸引人才。

李悝变法使魏国在方方面面有了彻底的革新，提高了魏国的地位和影响力，成为他国变法的典范。

司马错论伐蜀

秦惠文王九年（前329），巴国和蜀国相互攻打，来向秦国告急求救。秦惠文王想出兵攻打蜀国，但顾虑蜀道险峻难行，又担心韩国偷袭，犹豫不决。

司马错和张仪是秦国谋士，二人主张不同。司马错主张进攻蜀国，张仪主张进攻韩国。秦惠王说："请让我听听你们各自的理由吧。"

张仪说："我们先和魏国、楚国结成同盟，然后出兵伊水、洛水、黄河三川之地，堵塞镮辕、缑氏两个重要隘口，挡住险要的道路。魏国断绝南阳，楚国兵临南郑，秦国攻打新城、宜阳，直到兵临东西二周都城的近郊，声讨周朝君主的罪行，侵削楚国、魏国的土地。这样的话，周朝君主自知无法挽救，定会献出传国之宝九鼎。秦国凭借九鼎，依照地图户籍，挟持周天子以号令天下，天下没有敢抗拒的，这才是帝王的大业啊！蜀国只是西部偏僻的国家，西北少数民族的领袖。进攻蜀国，使军队疲惫，百姓劳累，也谈不上得到什么利益。我曾听说，争夺威名要到朝廷去争，争夺利益要到市场去争。现在三川之地和周王室，就是天下的市场和朝廷，大王不在这里争夺，反而去争夺夷狄，这与帝王之业相去太远了！"

司马错说："不对！我听说，想使国家富裕，必须开拓国家的疆土；想使军队强大，必须使人民富足；想建立帝王之业，必须博施德政。只有这三者都具备了，王业才会随之而来。现在大王统治的国家，地方小，百姓穷，所以我希望先办容易的事情。蜀国是西部偏僻的国家，是西北少数民族的领袖，然而朝政却像夏桀、商纣时期一样混乱，以秦国的国力攻打它，就像驱使豺狼追逐羊群一般容易。取得蜀国的地盘，足以使秦国的疆土扩大；得到蜀国的钱财，足以使秦国的百姓富足。只要休整军队，而不伤及民众，蜀国就已降服。所以，攻取一国，而天下人不认为我们强暴；获得戎狄的全部资财，各国诸侯不认为我们贪婪。这样，我们不仅可以一举两得，名利双收，而且还会获得禁除暴虐、制止昏乱的名声。现在却想攻打韩国，劫持周天子。就劫持周天子而言，会招致人们的唾弃，即使这样，也未必得到什么好处；而攻打天下人都不希望攻打的地方，这实在太危险，我请求大王允许我说明其中的缘故吧。周朝是天下诸侯国国君的宗主；韩国是与周朝结好的国家。如果周朝知道自己会失去九鼎，韩国知道自己会丧失三川之地，那么，他们一定会团结一致，齐心协力对付秦国，而且还会背靠齐国、赵国，并向楚国、魏国求救。如果周朝把九鼎给楚国，韩国把三川之地给魏国，大王也制止不了他们，这就是我所说的伐韩危险的缘故。相比之下，不如进攻蜀国才是万全之策啊！"

秦惠王说："好！我听从您的建议。"秦国最终起兵伐蜀，用了十个月时间攻取蜀地。于是，蜀国被平定。秦国将蜀国君主的称号更改为侯，又委任秦国大臣陈庄为蜀相。蜀国附属于秦国，秦国势力更加强大了。

合纵连横

合纵连横的实质是战国时期各大国之间的外交、军事斗争。合纵，即合众弱以攻一强，用于阻止强国对弱国的兼并。战国末期，秦国与齐国是国力最强的两个国家。连横就是事一强以攻众弱，就是秦国或齐国拉拢一些国家，共同进攻其他一些弱国。苏秦和张仪是合纵连横最重要的两位谋士。

苏秦开始主张连横，劝秦惠王说："大王您的国家，西面有巴、蜀、汉中的富饶，北面有胡貉和代马的物产，南面有巫山、黔中的屏障，东面有肴山、函谷关的坚固。耕田肥美，百姓富足，战车有万辆，武士有百万，在千里沃野上有多种物产，地势形胜而便利，这就是所谓的天下显赫的大国啊。凭着大王的贤明，士民的众多，车骑的充足，兵法的教习，可以兼并诸侯，独吞天下，称帝而加以治理。希望大王能对此稍许留意一下，我请求来实现这件事。"

秦惠王委婉地回答说："我听说，羽毛不丰满的不能高飞上天，法令不完备的不能惩治犯人，道德不深厚的不能驱使百姓，政教不顺民心的不能烦劳大臣。现在您一本正经大老远跑到朝廷上开导我，我愿改日再聆听您的教诲。"此时秦国刚刚处死了变法的商鞅，秦王对谋略之士极为厌恶，因而无法接受苏秦的策略。

苏秦说："我本来就抱着将信将疑的心态来此。从古至今，哪有不用战争手段的呢？古代让车辆来回奔驰，用言语互相交结，天下成为一体，有的合纵有的连横。大王应废除文治，信用武力，以优厚的待遇蓄养勇士，备好盔甲，磨好兵器，在战场上决一胜负。对外使军队取得胜利，对内因行仁义而强大，上面的国君有了权威，下面的人民才能驯服。现在，要想吞并天下，制服海内，君临天下，以诸侯为臣，非发动战争不可。这样看来，大王您大概是不会采纳我的建议了吧？"

秦惠王听后，干脆不理睬苏秦。苏秦十分恼怒，于是来到赵国游说赵王，赵王对苏秦的策略很感兴趣，二人说话投机，以至拍起掌来。赵王非常高兴，立刻封苏秦为武安君，并授以相印，又给兵车百辆，锦缎千匹，白玉百双，金币二十万两。苏秦于是到各国去约定合纵，拆散连横，以此抑制强大的秦国。因此，当苏秦在赵国做宰相时，函谷关的交通都被断绝了。当时，赵国依靠苏秦的策略，不耗费一斗军粮，不耗用一件兵器，没用一名士兵出战，没折断一根弓弦，没损失一支羽箭，就使天下诸侯和睦相处，甚至比亲兄弟还要亲近。赵国的地位大大提高。

有个叫张仪的谋士，先后游说六国，主张小国应依附大国才能存活，要六国共同服从秦国。秦惠文王十年（前328），秦惠王派遣公子华和张仪攻打并占领魏国的蒲阳。张仪趁机劝说秦惠王把蒲阳归还给魏国，并派公子繇到魏国去作人质。张仪又趁机劝说魏王："秦国对魏国如此宽厚，魏国不可不以礼相报。"魏国因此就把上郡十五县和少梁献给秦国，用以答谢秦惠王。于是，秦惠王任命张仪为相，位居百官之首，参与军政要务及外交活动。

秦惠王十二年（前326），秦国想要攻打齐国，但忧虑齐、楚两国已经结盟，于是便派张仪前往楚国游说楚怀王。楚怀王听说张仪来，空出上等的宾馆，亲自到宾馆为他安排住宿，说："您光临我们这个偏僻鄙陋的国家，是有什么指教呢？"

张仪就说："大王如果真要听从我的意见，就和齐国断绝往来，解除盟约，我请秦王献出商於一带六百里的土地，让秦国的女子做大王的侍妾，秦、楚之间娶妇嫁女，永远结为兄弟国家。这样向北可削弱齐国，而西方的秦国也就得到好处，没有比这更好的策略了。"

楚怀王非常高兴地应允了张仪。于是，楚国和齐国断绝了关系，废除了盟约。楚怀王把楚国的相印授给张仪，还馈赠给他大量财物，并派了一位将军跟着张仪到秦国去接收土地。

张仪回到秦国，假装没拉住车上的绳索，跌下车来受了伤，一连三个月没上朝。楚怀王听到这件事，说："张仪是因为我与齐国断交还不彻底吧？"就派勇士到北方的齐国辱骂齐宣王。齐宣王一怒之下转而与秦国结交。

秦国、齐国建立了邦交之后，张仪才上朝。张仪对楚国的使者说："我有秦王赐给的六里封地，愿把它献给楚王。"楚国使者说："我奉楚王的命令来接收商於之地六百里，不曾听说过六里。"

楚国的使臣返回楚国，把张仪的话告诉了楚怀王，楚怀王一怒之下，兴兵攻打秦国。结果秦、齐两国共同攻打楚国，夺取了丹阳、汉中的土地。楚国又派出更多的军队去袭击秦国，但是楚军大败，于是楚国又割让了两座城池和秦国缔结和约，才结束了战争。

不管是连横还是合纵，秦国都是最终赢家，它越来越强大，最终统一六国，开创了大一统的基业。

　　战国后期，秦昭王根据谋士范雎远交近攻的策略，命令左庶长王龁向长平的赵国军队发动进攻。赵孝成王命令廉颇到长平迎战。公元前260年，赵军失利，被秦军攻占了两个重要据点都尉城和故谷城，四名尉官被俘虏。七月，赵国的军队筑起围墙，坚守在营垒里不出去应战。于是，秦国军队又发起强攻，夺下赵军西边的营垒，俘虏了两名赵国尉官。

　　赵军数战不利，主将廉颇决定依托有利地形，命令士兵固守营垒，以逸待劳。任凭秦军挑衅，赵军都只是坚守，不出去应战，因此，赵孝成王对于廉颇坚壁不出颇为不满，几次派人责备廉颇。其实廉颇是准备用以逸待劳的方式先挫杀秦军的锐势，然后等待有利时机再出击。没想到秦国召集百万青壮，疏通渠道，让秦国可以直接从水路运粮，运粮速度甚至比赵国更快更畅通。而赵国却相反，开战不久就粮草匮乏，廉颇拖了两年，导致赵国国内已经陷入无粮可食的局面。秦军将本来善于野战的赵军陷于防守战，顺利包抄了赵国后方，不断骚扰赵国的粮道，让赵国雪上加霜，完全失去了主动权。

同时由于赵国外交上的失败，导致赵国陷于外无援兵、内无粮草的死地。

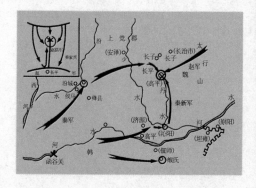

当赵军初战失利时，赵孝成王与大臣楼昌、虞卿等商议，想亲自率领部队与秦军决战。楼昌认为这样做无济于事，不如派地位高的使臣去秦国议和。而虞卿则认为如果秦国决心攻打赵国，和议难成，不如派遣使者携带珍宝去楚国、魏国活动，使秦国畏惧各国的合纵抗秦，这样和议才有成功的可能。但是赵孝成王采纳了楼昌的建议，派郑朱前去秦国议和。

秦国为了麻痹赵国，防止各国合纵，并争取时间，加强军事准备，以便给赵军以严重的打击。果然利用赵国求和的机会，殷勤接待郑朱，有意向各国宣传秦、赵已经和解，借以防止各国出兵救赵。秦昭王召来丞相范雎商议，范雎说："廉颇久经沙场，他知道我军远道而来，不能持久，想等我军疲惫才出兵，这个人不除掉，恐怕难以取胜。"秦昭王问："你有什么计策，可除掉廉颇？"范雎说："要除掉廉颇，必须用反间计。"秦昭王听后拍手称妙。于是秦国丞相范雎派人携带千金到赵国施行反间计，并散布流言说："廉颇很容易对付，秦国最害怕的是马服君赵奢的儿子赵括。"

赵孝成王早已恼怒廉颇的军队数次战败，又反感廉颇坚壁不敢战，中了秦国的反间计，不顾蔺相如和赵括母亲的谏阻，派赵括去接替廉颇为主将。赵括统率援军来到长平，接替了廉颇。赵括到任后根据实际情况更换部队将领，改变军中制度，又一改廉颇的作战方针，主动进攻秦军。赵括对将士们说："倘若秦兵到来，大家要奋勇当先，只要占了上风，便可乘胜追击，必能歼灭秦军。"

秦昭王得知赵括代替廉颇担任主将后，便暗地里调武安君白起为上将军，改命王龁担任尉官副将，并令军中严守秘密，走漏消息的格杀勿论。

次日白起向赵军挑战。在赵括出兵进攻秦国军队的时候，白起命令秦军佯装战败溃退。赵括不知道秦国已经暗地里用名将白起换下了王龁，命令军队乘胜追击，一直追到秦军的营垒，却无法攻破。

白起命令一支部队突袭到赵军出击部队的后方，截断赵军后路；又命令一支骑兵部队插入赵军与营垒之间，将赵军主力孤立开来，同时切断赵军的粮道。白起又派出轻装精兵向赵军发动多次攻击，赵军数战不利，被迫就地建造壁垒，转为防御，以待救援。

秦昭王得知赵军主力的粮道被截断，亲自到河内郡征调全国十五岁以上的青壮年集中到长平战场，拦截赵国的援军和粮运。九月，赵军主力已经断粮四十六天，士兵们相互残杀为食。赵括将剩余的赵军组织成四支突围部队，轮番冲击了四五次，仍不能突围。

赵括亲率精锐部队强行突围，结果被秦军乱箭射死。秦军每天对着赵军大营喊："赵国将士投降，一律免死。"赵国军队因无主将指挥，二十万士兵向秦将白起投降。白起说："赵国士兵反复无常，如果不全部杀掉他们，恐怕再生事端。"于是白起命令秦国军队将赵国降兵全部活埋，只留下年纪尚小的二百四十名士兵放回赵国。

长平之战，秦国军队前后斩杀赵国士兵四十五万，赵国上下一片震惊。赵国元气大伤，再也无力单独和秦国全方位对抗。

秦灭六国

　　战国末年，经过长期的兼并战争，诸侯国各自为政的局面逐渐向全国统一的趋势发展。公元前 246 年，秦王嬴政即位，秦国国势蒸蒸日上，统一之势已不可逆转。

　　秦将军王翦攻破赵国，俘虏赵王，占领了赵国大部分的国土；随后又向北进军，到达燕国南部的边界。燕太子丹很害怕，就派荆轲带上地图和秦王嬴政最恨的樊於期的头颅，并暗藏匕首前往秦庭诈降，准备刺杀秦王，但行动失败。秦王嬴政杀了荆轲，当下就命令大将王翦加紧攻打燕国。燕太子丹领兵抵抗，不敌秦军，战败后，燕王喜和太子丹逃到辽东。秦王嬴政又派兵追击，非要太子丹的人头不可。燕王喜被逼无奈，只好杀了太子丹，向秦国谢罪求和。

　　秦王嬴政又向尉缭讨主意。尉缭说："韩国已经被兼并，赵国只剩下一座代城，燕王已逃到辽东，消灭他们易如反掌。目前天气寒冷，不如先去征服南方的魏国和楚国。"秦王嬴政听从尉缭的计策，派王翦的儿子王贲带兵十万先攻魏国。魏王派人向齐国求救，齐王建为保存实力，没有出兵救援。公元前 225 年，王贲灭魏，把魏王和大臣都押回了咸阳。

接着，秦王嬴政派青年将军李信率二十万军队攻打楚国，结果大败。

秦王嬴政大怒，将李信革职，又让王翦率领六十万人马向楚国进攻。王翦到了前方，让兵士修筑壁垒。楚国大将项燕百般挑战，他就是不出兵。就在项燕毫无防备的时候，王翦突然发起攻势，率六十万秦军冲杀过来。楚国将士毫无准备，慌乱地抵抗了一阵，各自逃命，溃不成军。秦军攻城略地，一直打到寿春，活捉了楚王负刍。

王翦灭楚之后，回到咸阳，由他的儿子王贲接替大将之职，再去攻打燕国。燕国本来就已经一蹶不振，所以根本无力抵抗秦军的进攻。公元前222年，王贲灭掉燕国，并攻占了赵国最后的驻守地代城。

此时，只剩下一个齐国未灭。公元前221年，王贲带了几十万秦军从燕国南部直扑临淄。以摧枯拉朽之势攻占了临淄，齐国灭亡。

自公元前475年进入战国时期起，经过二百五十多年的纷争，长期的诸侯割据局面终于结束了，中原大地上建立了一个统一的王朝——秦。

李斯佐秦

　　李斯，战国末年楚国上蔡人。早年为郡小吏，有一次，他在厕所见到老鼠吃东西，但一见到人和狗，老鼠就吓得四处逃窜。又有一次，他在仓库里看到老鼠偷吃粮食，却怡然自得。于是感慨道："一个人要想在社会上出人头地，就应该像在粮库里偷吃粮食的老鼠一样啊。"

　　于是李斯辞去小吏职位，到齐国求学，拜荀卿为师。荀卿是当时的儒学大师，他虽然打着孔子的旗号讲学，却不像孟子那样墨守成规，而是从当前的形势出发，对孔子的儒学进行了发挥和改造，因而很适合当时社会的需要。荀子的思想接近法家的主张，也是研究如何治理国家的学问。李斯学成之后，经过对各国情况进行分析和比较，他认为楚王无所作为，其他各国也在走下坡路，因而决定到秦国去。

　　临行之前，荀卿问李斯到秦国去的原因。李斯回答说："干事业都有一个时机问题，现在各国争雄，这正是立功成名的好机会。秦王雄心勃勃，想奋力一统天下，到那里可以大干一场。人生在世，卑贱是最大的耻辱，穷困是莫大的悲哀。一个人总处于卑贱穷困的地位，那是会被人耻笑的。不爱名利，无所作为，并不是读书人的想法。所以，我要到秦国去。"于是李斯告别老师，准备去秦国实现自己的理想。

李斯到了秦国以后，很快得到秦相吕不韦的器重，当上了秦国的小官，有了接近秦王的机会。一次，他对秦王说："凡是成大事的人，都必须抓住时机。秦穆公时秦国虽然很强大，却未能完成统一大业，是因为时机还不成熟。自秦孝公以来，周天子衰微，各诸侯国之间连年战争，秦国乘机强大起来。现在秦国力量强大，正是完成帝业、统一天下的最好时机，千万不能错过。"李斯的见解得到了秦王的赏识，因而被提拔为长史。后来李斯劝秦王派人收买、贿赂各诸侯国，离间六国君臣，果然也收到了效果。因而，李斯被封为客卿。

正当秦王下决心统一六国的时候，韩国怕被秦国灭掉，派水工郑国鼓动秦王修建水渠，以此削弱秦国的人力和物力，牵制秦国东进。但是后来，郑国修渠的目的暴露了。这时，其他各国也纷纷派间谍到秦国做宾客。群臣对外来的客卿议论很大，对秦王说："各国来秦国的人，大抵都是为了他们自己国家的利益而来，请大王下令驱逐一切来客。"秦王下了逐客令，李斯也在被逐之列。

李斯给秦王写了一封信，劝秦王不要逐客，这就是著名的《谏逐客书》。李斯的这封上书，不仅情词恳切，而且确实反映了秦国的历史和现状，代表了当时有识之士的见解。秦王明辨是非，果断采纳了李斯的建议，立即取消逐客令。李斯仍然受到重用，被封为廷尉。

秦统一以后，丞相王绾首先提出全国地方太大，难以管理，要求像周代那样，封秦始皇诸子为王。李斯对此提出不同的意见。他说："周文王、周武王分封的子弟很多，后来一个个都疏远了，互相视为仇敌，经常发生战争，周天子也不能禁止。现在天下一统，应实行郡县制，天下才能得以安宁。"秦始皇听取了李斯的意见，将全国分为三十六郡，郡以下为县。郡县制比分封制更加进步，有利于国家的统一。

李斯的很多建议都被秦始皇采纳，如拆除郡县城墙，销毁民间的兵器；主张焚烧民间收藏的《诗》《书》等百家语，禁止私学，以加强中央集权的统治；参与制定法律，统一车轨、文字、度量衡制度。这些对中国历史产生了深远影响，奠定了中国两千多年政治制度的基本格局。

秦朝末年，陈胜吴广起义，各地云集响应，其中有项梁、项羽叔侄，也有沛公刘邦。陈胜吴广起义失败后，项梁扶持楚怀王的孙子熊心做了楚王，刘邦也投靠了项梁。公元前 207 年，项梁战死，怀王派项羽等去救援被秦军围困的赵国，同时派刘邦领兵攻打函谷关。临行时，怀王与诸将约定，先入关的人封为关中王。

项羽大破秦军后，听说刘邦已攻下咸阳，派人守住函谷关，他非常恼火，就攻破函谷关，直抵新丰鸿门。这时刘邦的左司马曹无伤暗中派人告诉项羽说刘邦想在关中称王。项羽听了，更加恼怒，决定第二天发兵攻打刘邦。这时候，项羽在新丰鸿门驻军四十万，刘邦在霸上驻军十万。范增劝说项羽："沛公在崤山以东的时候，贪恋钱财货物，喜爱美女。现在进了关，不掠取财物，不迷恋女色，这说明他的志向不在小处。我叫人观望他那里的云气，都是龙虎的形状，呈现五彩的颜色，这是天子的云气呀！趁他还没成气候的时候赶快攻打，不要错过机会。"

楚军的左尹项伯是项羽的叔父，一向同张良交好。

项伯听到这件事后，连夜骑马跑到刘邦的军营，私下会见张良，把事情详细地告诉了他，并叫张良和他一起离开。张良说："现在沛公遇到这么危急的事，和你一起逃走是不是不守信义啊？我现在立刻就去告诉他。"于是张良进了刘邦的大帐，刘邦听后大吃一惊，说："这可怎么办？"张良说："是谁给大王出这条计策的？"刘邦说："都是那些浅陋无知的小人劝我说：'守住函谷关，不要放诸侯进来，秦国的土地可以全部占领而称王。'所以就听了他们的话。"张良说："大王的军队足以比得上项王的吗？"刘邦沉默了一会儿，说："当然不能抵挡项王的军队啊。这怎么办呢？"张良说："事情紧急，请您亲自对项伯说您不敢背叛项王。"刘邦说："你怎么和项伯有交情？"张良说："秦时，项伯杀了人，我救了他；现在事情危急，因此他特意来告诉我。"刘邦说："你们谁大谁小？"张良说："他比我大。"刘邦说："你请他进来，我要像对待兄长一样对待他。"张良出去邀请项伯。项伯一进大帐，刘邦立刻捧上一杯酒向项伯祝酒，并和项伯约定结为儿女亲家。刘邦对项伯说："我进入关中，一点东西都不敢据为己有，登记了官吏、百姓，封闭了仓库，等待将军到来。派遣将领把守函谷关的原因，是为了防备其他盗贼进来和意外的变故。我日夜盼望将军到来，怎么敢反叛呢？希望您将全部实情告诉项王，我不敢背叛恩德。"项伯答应了，告诉刘邦说："明天早晨不能不早些亲自来向项王道歉。"刘邦说："好。"于是项伯连夜离去，回到军营里，把刘邦的话原原本本报告给了项羽，并趁机说："沛公不先攻破关中，你怎么能进关呢？现在人家立了大功，却要攻打他，这是不讲信义。不如趁此机会好好对待他。"项羽答应了。

　　第二天早晨，刘邦带着一百多人来见项羽。到了鸿门，他向项羽谢罪说："我和将军合力攻打暴秦，将军在黄河以北作战，我在黄河以南作战，我自己没有料到能先进入关中，灭掉秦朝，又能够在这里见到将军。现在有小人造谣，使您和我发生误会。"项羽说："这是左司马曹无伤说的，如果不是这样，我怎么会这么生气？"项羽当天就留下刘邦，和他饮酒。项羽、项伯朝东坐，亚父朝南坐，亚父就是范增；刘邦朝北坐，张良朝西陪坐。范增多次向项羽使眼色，举起所佩戴的玉玦暗示项羽，项羽都视而不见。范增起身，出去召来项庄，说："君王对待他人太仁慈。你进去上前为他敬酒，敬

漢高祖

酒完毕，请求舞剑，趁机把沛公杀死在座位上。否则，你们都将成为沛公的俘虏！"项庄就进去敬酒，敬完酒，说："君王和沛公饮酒，军营里没有什么可以娱乐的，请让我舞剑。"项羽说："好。"项庄拔剑起舞，项伯看情况有变，也拔剑起舞，常常张开双臂像鸟儿张开翅膀那样掩护刘邦，使得项庄无法刺杀刘邦。

这时候张良到军营门口找樊哙，樊哙问："今天的事情怎么样？"张良说："很危急！现在项庄拔剑起舞，他的意图在沛公身上啊！"樊哙说："这太危急了，请让我进去，跟他同生死。"于是樊哙拿着剑，持着盾牌，冲入军门。持戟交叉守卫军门的卫士想阻止他，樊哙侧着盾牌撞过去，卫士们全都跌倒在地。樊哙进去后，掀开帷帐朝西站着，瞪着眼睛看着项羽，头发直竖起来，眼角都裂开了。项羽握着剑挺起身问："客人是干

什么的？"张良说："他是沛公的卫士樊哙。"项羽说："壮士！赏一杯酒吧。"左右就递给他一大杯酒。樊哙拜谢后，起身，站着把酒喝了。项羽又说："赏他一条猪的前腿。"左右就给了他一条未煮熟的猪的前腿。樊哙把他的盾牌扣在地上，把猪腿放在盾上，拔出剑来切着吃。项羽说："壮士！还能喝酒吗？"樊哙说："我死都不怕，一杯酒有什么可推辞的？秦王有虎狼一样的心肠，杀人唯恐不能杀尽，处罚唯恐不能用尽酷刑，所以天下人都反叛了他。怀王曾和诸将约定：'先打败秦军进入咸阳的人封作关中王。'现在沛公先打败秦军进了咸阳，一点儿东西都不敢动用，封闭了宫室，军队退回到霸上，等待大王到来。特意派遣将领把守函谷关的原因，是为了防备其他盗贼的进入和意外的变故。这样劳苦功高，没有得到封侯的赏赐，您反而听信小人的谗言，想杀有功的人，这是将已亡的秦朝作为延续罢了。我私下认为大王还是不采取这种做法为好。"项羽无话可答，只说："坐。"樊哙挨着张良坐下。坐了一会儿，刘邦以上厕所为由，趁机起身把樊哙和张良都叫了出去。

刘邦出去后，对樊哙说："现在出来，还没有告辞，这该怎么办？"樊哙说："做大事不必顾及小节，讲大礼不需躲避小责备。现在人家正好比是菜刀和砧板，我们则好比是鱼和肉，还辞别什么呢？"于是刘邦决定离去，并让张良留下来道歉。张良问："大王来时带了什么东西？"刘邦说："我带了一对玉璧，想献给项羽；一双玉斗，想送给亚父。正碰上他发怒，不敢亲自献上。你替我把它们献上去吧。"张良说："好。"这时候，项羽的军队驻在鸿门，刘邦的军队驻在霸上，相距四十里。刘邦打算留下车辆和随从人马，和樊哙、夏侯婴、靳强、纪信四人从郦山脚下取道芷阳小路逃回霸上。他对张良说："从这条路到我们军营，不过二十里，估计我回到军营里，你再进去。"

刘邦离去后，张良过了好久才进去辞别，说："沛公不胜酒力，不能当面告辞。让我奉上白璧一双，敬献给大王；玉斗一双，献给亚父。"项羽问："沛公在哪里？"张良说："听说大王有意要责备他，他已经先走一步，回到军营了。"项羽接受了玉璧，把它放在座位上。亚父接过玉斗，放在地上，拔出剑来击碎了它，说："唉！这小子不值得和他共谋大事！夺取项王天下的人一定是刘邦。我们都要被他俘虏了！"

　　刘邦回到军中，立刻诛杀了曹无伤。

叔孙通，薛县人，在秦朝的时候因为精通儒术被征作待诏博士。几年后，陈胜在大泽乡起义，有人向朝廷报告了这个消息，秦二世召集身边的博士和儒生们问道："楚地派去守边的士兵半路造反，现在已经攻下蕲县，进入陈郡，你们说该怎么办？"三十多个博士儒生上前说道："做臣子的绝不能兴师动众，谁兴兵聚众那就是造反，对于造反的人绝不能宽恕，请陛下火速发兵前往剿灭。"秦二世一听，怒火中烧，脸色通红。

这时叔孙通走过去说："他们刚才说的那些都是谬论。如今天下归为一统，各郡各县的城池都已铲平，民间所有的兵器都已销掉，这就早已向天下人宣布用不着这些东西了。况且当今上有英明的皇帝，下有完备的法令，派出去的官吏都忠于职守，四面八方都像辐条向着轴心一样向着朝廷，在这种情况下，哪里还有什么人敢造反呢！那些人不过是一群偷鸡摸狗的盗贼，哪里值得一提呢！各地的郡守们很快就可以把他们逮捕问罪了，没有什么可担心的！"

秦二世一听，转怒为喜，连说："好！好！"然后又挨个去问那些儒生，儒生们有的人说是"造反"，有的人说是"盗贼"。于是秦二世就让御史把那些认为是造反的人都抓了起来，投进了监狱，而那些说是盗贼的人一律无事，都被放回。与此同时，赐给叔孙通二十匹丝绸，一套新衣服，并把他提为博士。

叔孙通出了宫门，回到住所后，那些儒生都斥责他说："先生你怎么能拍那种马屁呢？"叔孙通说："你们不了解，我差一点儿就掉进虎口出不来了。"说罢就卷起行李逃走了。等他回到薛县，薛县已投降了楚地的起义军。后来项梁来到了薛县，叔孙通就跟随了项梁。项梁在定陶失败身死后，叔孙通又投奔了楚怀王。等到楚怀王被封为义帝迁往长沙后，叔孙通就留下来侍奉项羽。汉高祖二年（前205），刘邦率领各路诸侯攻入彭城，叔孙通又投靠了刘邦。刘邦被项羽打败西逃时，叔孙通居然跟着刘邦一道西去了。

叔孙通本来穿着一套儒生的服装，刘邦看着讨厌。于是叔孙通立刻换成短衣服，一副楚人的打扮，刘邦看着很高兴。当叔孙通投靠刘邦的时候，跟着他一道前来的弟子有一百多人，但是叔孙通一个也不向刘邦推荐，反而专门给刘邦推荐一些旧日的土匪强盗。他的弟子们都在背后骂他："跟了他这么多年，幸好他现在投靠了刘邦，可是却不推荐咱们，反而专门推荐那些大奸大恶之人，真不知道这是什么道理！"叔孙通听说后，就对他们说："汉王现在正冒着枪林箭雨打天下，你们这些手无缚鸡之力的书生能去打仗吗？所以我现在只有先给他推荐一些能够冲锋陷阵、斩将搴旗的勇士。你们先等一等，我是不会忘了你们的。"这时刘邦也提拔叔孙通为博士，赐号稷嗣君。

汉高祖五年（前202），刘邦已经统一天下，诸侯们在定陶尊立刘邦为皇帝。一开始，刘邦希望废除秦朝那套繁琐的礼法，责成叔孙通制定一套相对简便易行的礼和名号。

　　然而在庆功宴上，大臣们酗酒争功，狂呼乱叫，甚至拔剑击柱，无奇不有。刘邦看在眼里，心中颇有不满。叔孙通走过去对刘邦说："儒生们虽然不能帮着你攻城占池，却可以帮着你来守天下。请您允许我去找一些鲁地的儒生，让他们来和我的弟子们一道给您制定一套朝廷上使用的礼。"刘邦说："会不会太复杂呢？"叔孙通说："五帝用的乐各不相同，三王用的礼也不一致。礼，是根据不同时代的人情世态制定的一套规矩准绳。孔子说夏商周三朝礼各有什么损益沿革，我是知道的。这句话的意思就是指各朝的礼本来就不一样。我可以参照古代的礼法，并吸收秦朝一部分制度，来为您制定一套符合今天使用的礼法制度。"刘邦说："你可以尝试一下，但要注意简便易学，要考虑我是否能够做到。"

　　于是叔孙通就到曲阜一带找了三十多个儒生，不料其中有两个拒绝参加，他们骂叔孙通说："你侍奉过的主子差不多有十个了，都是靠着拍马屁博得主子的宠爱。现在天下才刚刚安定，死的还没有埋葬，伤的还没有恢复，你就又闹着制定什么礼乐。礼乐制度的建立，那是行善积德百年以后才能考虑的事情。我们没法去干你今天要干的那些事儿。你的行为不合乎古制，我们不去，你自己去吧，别污辱了我们！"叔孙通笑道："你们可真是些榆木脑袋，根本不懂形势的变化。"于是叔孙通就带着他找到的三十多个人回到长安，把他们和刘邦身旁旧有的书生以及自己的弟子合在一起，共一百多人，在野外拉起绳子，立上草人，前后演习了一个多月，然后叔孙通对刘邦说："您可以去看看了。"刘邦到那里看着他们演习了一遍，放心地说："这个我能做到。"于是下令叫群臣们排练、演习，准备十月岁首朝会时正式使用。

　　·汉高祖七年（前200），长乐宫建成，各地诸侯和朝廷里的大臣们都来参加十月的朝会。当时的仪式是这样的：天亮之前，首先是谒者执行礼仪，叔孙通领着诸侯大臣们按先后次序进入殿门，院子里排列着保卫宫廷的骑兵、步兵，陈列着各种兵器，插着各种旗帜。这时有人喊了一声："趋。"于是殿下的郎官们就站到了台阶的两旁，每个台阶上都站着几百人。功臣、列侯、将军以及其他军官们都依次站在西边，面朝东；丞相以下的各种文官都依次站在东边，面朝西。设立了九个傧相，专门负责上下传呼。最后皇帝的车子从后宫出来，他贴身的人员拿着旗子，传话叫大家注意，然后领着诸侯王以下直到六百石的官吏们依次向皇帝朝贺。自诸侯王以下，所有的人都诚惶诚恐，肃然起敬。群臣行礼过后，又按着严格的礼法摆出酒宴。那些有资格陪刘邦坐在大殿上头的人们也都叩伏在席上，一个个按着爵位的高低依次起身给刘邦祝酒。等到酒过九巡，谒者传出命令说："停止。"哪一个稍不合礼法，负责纠察的御史立即把他们拉出去。整个朝会从始至终，没有一个人敢喧哗失礼。这时刘邦才心满意足地说："今天我才真正体会到了做皇帝的尊贵。"于是擢升叔孙通为太常，赐给他黄金五百斤。

叔孙通趁此机会对刘邦说："我的那些弟子已经跟随我好多年了，他们和我一起制定了这套礼，请陛下也给他们一些赏赐。"刘邦一听，立即任命那些人为郎官。叔孙通出宫后，把刘邦赏给他的那五百斤黄金都分给了那些儒生。儒生们这才都高兴地说："叔孙通可真是个圣人，他能顺应形势的变化。"

冯嫽　细君公主、解忧公主、

乌孙国，距离长安八千九百里。风俗与匈奴相同，一开始臣服于匈奴，发展壮大后渐有二心。当时乌孙国分为三部分，大体归乌孙国王猎骄靡管制。张骞将汉朝赐给猎骄靡的礼物转交后，对猎骄靡说："乌孙如能东归故地，汉朝就遣送公主作为昆莫的夫人，两国结为兄弟之国，一同抗拒匈奴，匈奴一定能被打败。"但是乌孙远离汉朝，不知汉朝大小；况且乌孙自己靠近匈奴，服从匈奴时日已久，大臣们都不愿东迁。猎骄靡日渐老迈，国家渐有分裂之势，权力已不能很好地集中。元封三年（前108），猎骄靡派使者送张骞回长安，同时献数十匹马作为酬谢。乌孙使者见汉朝人口众多，物产丰富，他们回到乌孙后将所见所闻如实上报给了猎骄靡，因此，乌孙越来越尊重汉朝。

匈奴听说乌孙与汉朝往来，很是生气，要进攻乌孙。乌孙很惶恐，就派使者献马给汉朝，并愿娶汉朝公主，两国结为兄弟。汉武帝询问群臣的意见，朝议同意，向乌孙国表示必须先纳聘礼，然后才能遣送公主。乌孙以一千匹马作为聘礼。元封六年（前105），汉武帝派江都王刘建之女刘细君作为和亲公主嫁给猎骄靡，赐给车马和皇室用的器物，还为她配备官吏、宦官、宫女、役者数百人，赠送礼品极为丰盛。猎骄靡以刘细君为右夫人。这时，匈奴也派女子嫁给猎骄靡，猎骄靡以匈奴女为左夫人。

刘细君到乌孙后，自己建造宫室居住，在一年中几次与猎骄靡聚会，喝酒吃饭，将财物、丝织品等赏赐给猎骄靡左右的贵人。但刘细君与猎骄靡两人语言不通，这让刘细君很是悲伤，她作歌道："吾家嫁我兮天一方，远托异国兮乌孙王。穹庐为室兮旃为墙，以肉为食兮酪为浆。居常土思兮心内伤，愿为黄鹄兮归故乡。"汉武帝听说后很怜悯她，每隔一年就派使者送去帷帐、锦绣等物。

猎骄靡更加老迈，便想让孙子军须靡娶刘细君。刘细君不同意，上书给汉武帝说明此事，汉武帝回信说："遵守乌孙国风俗，汉朝想要与乌孙联合消灭匈奴。"于是军须靡就娶了刘细君。猎骄靡去世后，军须靡代立为王。刘细君与军须靡生有一女，名叫少夫。太初四年（前101），只在乌孙生活了五年的刘细君去世。

刘细君死后，汉朝又封楚王刘戊的孙女刘解忧为公主嫁给军须靡。年轻的解忧公主告别了长安，告别了亲人，亦踏上了和亲之路。

刘解忧嫁给军须靡几年后，军须靡因病去世。因当时军须靡之子泥靡尚年幼，所以军须靡临死前把国事托付给了堂弟翁归靡，说："泥靡长大后，便把政权归还给他。"翁归靡继位后，号称肥王，仍与刘解忧通婚，生有三子二女：长子元贵靡；次子万年，为莎车国王；三子大乐，为乌孙左大将；长女弟史是龟兹国王绛宾之妻；小女儿素光是乌孙若呼翕侯之妻。翁归靡去世后，泥靡继位，号称狂王。解忧按照当地习俗又嫁给了这个和自己儿子年龄相似的乌孙王。此时，解忧应该有五十岁了。开始，她也想以自己的魅力、温柔来感化狂王，但是，在翁归靡时代，泥靡活得胆战心惊，精神上长期受到压抑，所以性格怪僻，脾气暴躁，喜怒无常，甚至还虐待解忧公主。但两人生有一子鸱靡。乌孙国的子民们对狂王的印象也十分不好。这时来了两位汉使，解忧就和他们计议利用酒宴刺杀狂王。刺杀未成，狂王带伤逃跑，掌握军权的狂王的儿子率领部队包围了解忧公主和汉使，多亏汉军及时前来解围。

解忧来到乌孙国后，积极参与政事，致力于兴国安邦的事业。她经常不辞辛劳地到各个部落中视察民情、访贫问苦；每逢国中发生了山洪、寒流、地震等自然灾害，她都毅然奔赴前线，与各族牧民并肩战斗，抗洪救灾；大力植树造林和发展农业；她还积极支持贤臣的建议，说服乌孙王和乌孙长老们，开通了乌孙通往大宛、康居和塔里木城邦诸国的通商口岸。在她改嫁翁归靡以后，乌孙的经济发展很快，官办的商业和民间的自然经济都得到长足发展。乌孙和四邻国家的和睦关系胜过以前。天山南北都留下了她友好往来的踪迹，各国民众跷起大拇指赞颂她：汉家公主的美貌赛过天鹅，爱民如子的美德天下传颂；乌孙国走出了一条济世安邦的兴国之路，前所未有的兴盛局面如同太阳升到正午一样耀眼。

同解忧公主一起远赴乌孙的侍女中有一位非常出色的女子，就是被称为中国历史上第一位女外交家的冯嫽。

冯嫽生性聪慧，知书达理，善写隶书，与刘解忧相互慰勉，立志安居乌孙，不负使命。冯嫽常驰马牧场，出入毡帐，只用几年时间，便已通晓西域的语言文字及风俗习惯。不久，冯嫽遵朝廷之命，以使节身份代表刘解忧访问邻近各国，向各国国王赠送礼品，宣扬汉朝文化。各国君臣见汉朝以女子为使，却大方谦恭，善于辞令，与人交谈时连翻译都不用，惊奇之余，啧啧夸赞，尊称她为冯夫人。

乌孙国右大将喜爱冯嫽多才多艺，想要娶她为妻。冯嫽从两国友好大局出发，欣然同意。自此，汉朝与乌孙友情日增。

到汉宣帝执政之际，乌孙发生内乱。朝廷原本想让刘解忧之子元贵靡继承王位，不料北山大将乌就屠杀死狂王，自立为王。汉宣帝得报后，急令破羌将军辛武贤率领一万五千兵马进驻敦煌，准备讨伐乌就屠。西域都护郑吉考虑汉军道远兵疲，胜负难料，建议朝廷派使与乌就屠谈判，劝其让位。郑吉知道冯嫽善于外交，就推荐由她担此重任。值此危难之时，冯嫽欣然受任，她的丈夫右大将与乌就屠关系很亲密，所以她和乌就屠也算很熟悉，于是开门见山对乌就屠说："将军夺了王位，似是可喜，然喜中不可无忧。如今汉朝大军已至敦煌，将军区区兵力，岂不是以羊群搏猛虎？"乌就屠听了甚为惶恐，沉吟不语。冯嫽晓之以理："汉与乌孙亲如一家，若两国开战，百姓遭殃，将军必定身败名裂，望三思而行。"乌就屠自知远不是汉军对手，最终让步说："愿听夫人劝告，让位于元贵靡，但求汉朝给个封号。"冯嫽爽快答应。

汉宣帝得知冯嫽出使告成，十分高兴，他对冯嫽也只是闻其名未见其人，诏令冯嫽回国。冯嫽回到阔别四十年的故都长安时，汉宣帝令文武百僚在城郊迎接。京畿百姓闻讯而至，争睹女使者的风采。当日，汉宣帝在宫中召见，亲自询问详情，冯嫽奏告劝导乌就屠经过，建议给予封号以安其心。汉宣帝盛赞其远见卓识，并封她为正使，谒者竺次、期门甘延寿为副使，再次出使乌孙。

冯嫽乘坐驷马锦车，手持汉节，召乌就屠到长罗侯常惠的驻地赤谷城，宣读诏书，立元贵靡为大昆弥（乌孙王号），乌就屠为小昆弥。靠着冯嫽奔走斡旋，终于化干戈为玉帛，消除了汉朝与乌孙之间的一场杀伐。

甘露三年（前51），刘解忧的大儿子元贵靡、小儿子鸱靡先后病死。

元贵靡死后，其子星靡即位。当时刘解忧已是年近七十岁的老人，她非常思念故土，于是给汉宣帝上书，希望能在生前回国，归葬在汉朝土地上。汉宣帝考虑到她大半生身居异域，为国操劳，有功于汉室，就派人把刘解忧和冯嫽一起接回长安，并以公主之礼照顾刘解忧的饮食起居，对冯嫽也以厚禄优礼相待。黄龙元年（前49），刘解忧病逝，以公主之仪安葬。

星靡生性懦弱，继位后因治国无方，致使乌孙局势再起动荡。冯嫽虽身居长安，却心系乌孙，上书汉元帝请求再为汉使，出使乌孙镇抚星靡。汉元帝准奏，选派一百名士兵的队伍护送冯嫽第三次出使乌孙。冯嫽以她的威望与才干，游说乌孙各方，消释嫌隙，帮助星靡治国安民。乌孙得以国泰民安，汉朝与乌孙的友好关系也因此得以延续。

冯嫽有胆有识，具有非凡的才干和远见，她既有政治才能，又善于外交，所以在西域各国享有很高的声誉。她以一介女子，屡次作为皇帝的正式使节，到异邦从事外交活动，在加强汉朝同西域诸国之间的友好关系方面作出很大贡献。

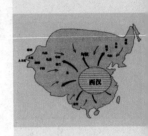

　　汉元光元年（前134），匈奴派使者向汉武帝请求和亲，汉武帝命群臣商议对策。

　　大行令王恢，燕人，曾多次担任边境小吏，熟悉匈奴情况，因此建议汉武帝拒绝和亲。他说："过去朝廷同匈奴和亲，不出几年匈奴就背弃盟约，侵犯边界。我们应该发兵打击他们一下才好。"

　　御史大夫韩安国则以匈奴兵强马壮为由劝汉武帝接受和亲，群臣大多赞同韩安国的观点。汉武帝最终采纳了韩安国的建议，与匈奴和亲。

　　第二年，马邑大商人聂壹来找王恢，说："匈奴经常侵犯边界，总是一个祸根。趁现在刚跟他们和亲，把匈奴引进来，我们来一个伏击，准能打个大胜仗。"王恢问他："你有什么办法能把匈奴引进来？"聂壹说："我经常在边界上做买卖，匈奴人都认识我。我可以以做买卖为借口，假装把马邑献给单于。单于贪图马邑的货物，一定会来。我们把大军埋伏在附近地方，只要等单于一到马邑，将军就可以截断他们的后路，活捉单于。"

　　王恢把聂壹的主意奏告给汉武帝，武帝为此诏命群臣商议。王恢在商议中向汉武帝进言："战国初年，代国虽小，北有强胡的侵扰，南有中原大国的威胁，君臣尚能同仇敌忾，奋勇抗击外侵；匈奴虽强，也不敢轻易侵扰代国。如今大汉强盛，海内一统，陛下威名远扬，然而匈奴却侵扰不止，每次与汉和亲，不过数年即违背约定，正是因为没有坚决抗击的缘故！"御史大夫韩安国依然反对攻打匈奴，他说："我听说高祖皇帝被困于平城长达七日之久，被救之后，采取和亲政策。孝文皇帝亦是如此。"双方唇枪舌剑，互不相让。汉武帝最终采纳了王恢的建议，准备设计伏击匈奴。

元光二年（前133），汉武帝派遣精兵三十万，命护军将军韩安国、骁骑将军李广、轻车将军公孙贺率主力部队埋伏在马邑附近的山谷中。将屯将军王恢与材官将军李息率三万多人出代郡，准备从侧翼袭击匈奴的辎重并断其退路，一举全歼匈奴主力。汉武帝同时派遣商人聂壹前往匈奴诱敌。

聂壹以出塞经商为名，见到匈奴军臣单于，就说他有手下数百人，能斩杀马邑县令，举城而降，牲畜财物可尽归匈奴，但匈奴一定要派大军前来接应，以防汉兵。军臣单于贪图马邑城的财物，亲率十万大军进入武州塞，并派使者随聂壹先入马邑，等斩杀马邑县令后进兵。聂壹随后返至马邑与县令密谋，杀死一名囚犯，割下首级悬挂在城门之上，伪装为县令头颅，欺骗匈奴使者。

军臣单于得到使者的报告后，率领大军向马邑方向进军。大军来到距马邑百余里的地方，发现沿途有牲畜，却无人放牧，引起了军臣单于的怀疑。匈奴在此攻下一边防小亭，俘获了汉雁门尉史。在威胁之下，尉史将汉军的计谋全部说出。军臣单于听后大惊又大喜，说道："我得到尉史，不上汉天子的当，真是上天所赐。"于是封尉史为"天王"，下令立即撤军。

王恢、李息率领的三万大军已出代郡，准备袭击匈奴的辎重，在得知匈奴退兵后，非常惊奇。王恢自思自己的军队敌不过匈奴大军，只好退返。韩安国等率领大军分驻马邑境内埋伏，但好几天不见动静，遂改变原先的作战方案，率军出击，结果一无所获。

马邑之围失败后，汉武帝将王恢下狱。廷尉判处王恢畏敌观望，处以死刑。王恢虽买通田蚡通过汉武帝的母亲王太后求情，但仍无法平息汉武帝的愤怒，被迫自杀谢罪。

马邑之围虽未成功，却结束了自西汉初年以来奉行的和亲政策，同时也拉开了汉匈大规模战争的序幕。自此以后，汉武帝开始对匈奴作战，派卫青、霍去病征伐，解除匈奴威胁，保障了北方经济文化的发展。

鲁肃对策

鲁肃，字子敬，今安徽定远人。鲁肃出生于士族家庭，幼年丧父，由祖母抚养长大。他体貌魁伟，性格豪爽，喜读书，好骑射。他眼见朝廷昏庸，官吏腐败，社会动荡，便常召集乡里青少年练兵习武。他还仗义疏财，深得乡人敬慕。当时，周瑜为居巢长，因缺粮向鲁肃求助，鲁肃将一仓三千斛粮食慷慨赠予周瑜。从此，二人结为好友，共谋大事。

当群雄相互争夺的混战将要扩展到鲁肃家乡时，为了避害，鲁肃举家迁居东城。当时的东城，为袁术的辖地。袁术听闻其名，请他出任东城长。但鲁肃发现袁术部下法度废弛，不足以成大事，便率百余人南迁到居巢投奔周瑜。南迁时，他让老弱之人在前，自己率领敏捷强悍的青年在后。袁术得知鲁肃迁居，急速赶来阻拦。鲁肃排开精壮人等，张弓搭箭，对追兵说："你们都是男子汉，应该明白大势。方今天下纷纷离乱，有功，得不到赏赐，无功，也受不到责罚，为何要逼迫我呢？"说着，命人将盾牌立在地上，远远开弓射去，箭把盾牌都射穿了。追兵一方面觉得鲁肃的话有道理，一方面估计凭自己的力量也奈何不得他，只好退回。鲁肃顺利到达居巢。

周瑜马上向孙权推荐鲁肃，说他有才干，可为辅佐之臣，并且建议孙权应该多方搜罗像鲁肃这样的人才，以成就大业，不能让他们流散外地。

孙权立即约见了鲁肃，与其交谈，非常高兴。等在场宾客起身退出时，鲁肃也告辞而出。但不一会儿，鲁肃又被孙权悄悄召了回来，两人对饮起来。孙权对鲁肃说："当今汉室如大厦将倾，四方纷乱不已，我继承父兄创立的基业，企望建成齐桓、晋文那样的功业。既然您惠顾于我，请问有何良策助我成功？"鲁肃回答说："过去汉高祖耿耿忠心想尊崇义帝而最后无成，这是因为项羽加害义帝。如今曹操犹如过去之项羽，将军您怎么可能成为齐桓公、晋文公呢？我的看法是，汉朝廷已不可复兴，曹操也不可能一下子除掉。为将军考虑，只有鼎足江东，以观天下变幻形势。天下局势如此，据有一方自然也不会招来嫌猜忌恨。为什么呢？因为北方正是多事之秋。您正好趁这种变局，剿除黄祖，进伐刘表，尽力占有长江以南全部地方，然后称帝建号以便进而夺取天下，这就如同汉高祖建立大业啊！"孙权又说："我如今尽一方之力，只是希望辅佐汉室而已，你所说的非我能及。"

建安十三年（208），孙权命甘宁西攻江夏，斩太守黄祖，进而准备夺取荆州。

曹操本无暇南顾，如今见孙权攻取江夏，唯恐其进取荆州，养成羽翼。于是在当年七月开始南征，集结大军于南阳。

同年八月，刘表病死。鲁肃向孙权进言："荆楚之地与我们江东邻接，顺水而往可达北方，外连江、汉，内隔山陵，有如金城坚固，沃野万里，士民富足，如果占有这块地盘，就是打下了建立帝王之业的基础。如今刘表刚刚去世，两个儿子素来不和，军中的将领也由此分为两派。加之刘备是天下枭雄，与曹操存在矛盾，寄身在刘表那里，刘表忌惮他的才能而不敢重用。如果刘备与刘表的儿子们协力同心，上下合力，我们则应该安抚他们，与他们结盟友好；如果他们之间离心离德，我们就应另作打算，以成就自己的大事。我请求奉命前往荆州吊唁，慰劳他们军队中的将领，并劝说刘备，共同对付曹操，刘备一定乐于从命。如果这件事处理得好，则天下就可以平定了。现在如不速去荆州，恐怕让曹操赶在前面了。"孙权批准了他的请求。

鲁肃刚到夏口，听闻曹操已向荆州进兵，便日夜兼程到了南郡。刘表的儿子刘琮已经献出荆州投降曹操，刘备正准备渡江南撤。鲁肃当机立断，去找刘备。在当阳长阪坡，鲁肃与刘备相遇。鲁肃说明了孙权派自己来的使命，然后和刘备共论天下形势，并问刘备准备到哪里去。刘备说想去投奔苍梧太守吴巨。鲁肃说吴巨是个没有作为的庸人，劝刘备不要去投靠他。接着，他详细述说孙权的情况和江东的实力，劝刘备与孙权联合，共拒曹操。刘备听了鲁肃的分析，决定并力抗曹。这时诸葛亮正跟随着刘备，鲁肃对诸葛亮说："我是你哥哥诸葛瑾的朋友。"两人当即结下交情。刘备率部进驻夏口，派诸葛亮随鲁肃去柴桑见孙权。

孙权得知曹操准备渡江东侵，召集众位将领商议，将领们都劝孙权降曹，只有鲁肃不发一言。

孙权起身更衣，鲁肃跟到屋檐之下。孙权知道鲁肃要与他单独谈话，就拉着鲁肃的手说："你想说什么？"鲁肃回答说："刚才观察众人议论，都是想让您失误，不足以与他们共谋大事。我鲁肃可以迎接曹操，对将军来说却不能。为什么这么讲？如今我迎降曹操，曹操理当送我回到故乡，品评我的声名地位，总还能做个小官，乘牛车，有随从，交游士大夫，慢慢升迁上去，也少不了做个州郡长官。而将军您迎降曹操，将把您如何安置呢？希望您早定大计，不要再听取众人的议论。"孙权听完，叹息道："这些人的主张，深深让我失望，现在你阐明长远大计，正与我的想法一致，这是上天将你赐给我啊！"

此时周瑜正在外地，鲁肃劝孙权将他召回。周瑜归来，更坚定了孙权的抗曹决心。孙权授权周瑜，让他主持战事，任命鲁肃为赞军校尉，帮助周瑜出谋划策，终于在赤壁大败曹军。

隆中对

　　东汉末年，宦官专权，朝政腐败，政治黑暗，民不聊生，终于在公元 184 年爆发了全国性规模的黄巾农民大起义。黄巾农民起义军失败后，政治更加黑暗，地方豪强武装割据一方，形成了长达十年之久的军阀混战。在割据混战初期，曹操占据兖州、豫州，袁绍占据冀、青、并、幽四州，刘表占据荆州，孙策占据江东，刘焉、刘璋父子占据益州。

　　刘备则先后依附公孙瓒、陶谦、曹操、袁绍，后来又到荆州投靠刘表。刘备在荆州住了几年，刘表一直把他当上等宾客来招待。但是刘备是一个雄心勃勃的人，想以汉室宗亲的身份，用恢复汉室的名义，广揽人才，称雄天下。公元 207 年，刘备驻扎在新野，他打听到襄阳地方有个名士叫司马徽，就特地去拜访。司马徽很客气地接待他，问他的来意。

　　刘备说："我是专诚来向您请教天下大势的。"司马徽听了，呵呵大笑起来，说："像我这样平凡的人，懂得什么天下大势。要谈天下大势，得靠有才能的俊杰。"

　　刘备求他指点："往哪里去找您说的俊杰呢？"司

马徽说："这一带有卧龙，还有凤雏，您能请到其中一位，就可以平定天下了。"司马徽又说："卧龙名叫诸葛亮，字孔明；凤雏名叫庞统，字士元。"

刘备向司马徽道了谢，回到新野，正好有一个读书人来见他。刘备一看他举止大方，以为他不是卧龙，就是凤雏，热情地接待了他。经过一番谈话，才知道这个人名叫徐庶，也是当地一位名士，因为听到刘备正在招揽人才，特地来投奔他。刘备很高兴，就把徐庶留下当谋士。

徐庶对刘备说："诸葛孔明是人间卧伏着的龙啊，将军可愿意见他？"刘备说："您和他一起来吧。"徐庶说："这个人将军您应该屈尊亲自去拜访。"

因此刘备就带着关羽、张飞，一起到隆中去拜访诸葛亮。总共去了三次，才见到诸葛亮。刘备见到诸葛亮后，说："汉室衰落，奸臣当道，皇上蒙受耻辱。我自己的德行还不能让人信服，但我还想要为天下人伸张大义，然而我才智与谋略短浅，无法实现这个志向，先生您认为该采取怎样的办法呢？"

诸葛亮回答道："自董卓独掌大权以来，各地豪杰同时起兵，占据州、郡的人数不胜数。曹操与袁绍相比，声望小之又小，然而曹操最终之所以能够打败袁绍，凭借弱小的力量战胜强大的原因，不仅依靠的是天时，也有人和。现在曹操已拥有百万大军，挟持皇帝来号令诸侯，这确实不能与他争强。孙权占据江东，已经历三世了，地势险要，民众归附，又任用了有才能的人，孙权这方面只可以把他作为外援，但是不可谋取他。荆州北靠汉水、沔水，一直到南海的物资都能得到，东面和吴郡、会稽郡相连，西边和巴、蜀郡相通，这是大家都要争夺的地方，但是它的主人却没有能力守住它，将军您可有占领它的意思呢？益州地势险要，有广阔肥沃的土地，自然条件优越，高祖凭借它建立了帝业。刘璋昏庸懦弱，张鲁在北面占据汉中，那里人民殷实富裕，物产丰富，刘璋却不知道爱惜。有才能的人都渴望得到贤明的君主，将军既是皇室的后代，声望又高，闻名天下，广泛地招纳英雄豪杰，思慕贤才，如饥似渴。如果能占据荆、益两州，守住险要的地方，和西边的各个民族和好，又安抚南边的少数民族，对外联合孙权，对内革新政治；一旦天下形势发生了变化，就派一员上将率领荆州的军队直指中原一带，将军您亲自率领益州的军队从秦川出击，老百姓谁敢不用竹篮盛着饭食，用壶装着酒来欢迎将军您呢？如果真能这样做，那么称霸的事业就可以成功，汉室就可以复兴了。"

　　刘备听着听着，不禁打心眼里钦佩眼前这个青年人，说："先生一席话真是让我茅塞顿开。我一定照您说的办。现在就请您和我一起到军中，共图大业。"诸葛亮看到刘备这样热情诚恳，也就跟着刘备到新野去了。

荀彧，字文若，颍川颍阴人。东汉末年著名政治家、战略家，曹操统一北方的首席谋臣和功臣，被誉为"王佐之才"。

永汉元年（189），荀彧被举为孝廉，任守宫令（掌管皇帝的笔、墨、纸张等物品）。董卓之乱后，荀彧弃官归乡，对父老乡亲说："颍川四面受敌，如果天下有变，就会经常遭受战争，不如趁早离去，此地不宜久留。"但是乡人们多怀恋故土，不愿离去。当时冀州牧同郡韩馥派人来接荀彧，却无人相随。荀彧只得独自将宗族迁至冀州避难。到冀州后，冀州已为袁绍所得，袁绍见荀彧来，待之如上宾。荀彧认为袁绍不能成大事，便离开袁绍投靠了曹操。曹操见到荀彧，高兴地说："这是我的子房啊！"于是任荀彧为司马，此时荀彧才二十九岁。

建安元年（196），荀彧随曹操击败黄巾军。七月，汉献帝刘协在杨奉、董承等人护卫下，从长安返回洛阳。在要不要奉迎天子建都许县的问题上，曹军内部发生了争执。多数人不同意迎接献帝，理由是徐州还未平

王佐之才荀彧

定，韩暹、杨奉刚刚将天子迎到洛阳，往北联结张、杨，暂时还不能控制他们。

荀彧则对曹操说："从前晋文公迎周襄王返回而诸侯服从，汉高祖东征项羽，为义帝穿素服发丧而天下归心。自从天子流亡在外，将军您首先倡导义兵，迎奉天子是众望所归。如果不早做打算，就来不及了。"于是曹操就奉迎献帝迁都许县。曹操被封为大将军、武平侯，荀彧则升为汉侍中，守尚书令。

建安二年（197）正月，曹操南征张绣，大败而归。袁绍写信给曹操，语词骄慢。曹操阅后大怒，诸将都说是作战不利的缘故。钟繇就此事问荀彧，荀彧说："以曹公的明智，一定既往不咎，可能是有其他烦心事。"于是就去参见曹操，曹操拿出袁绍书信给荀彧看，说："现在我准备去讨伐袁绍，但力量无法与之匹敌，该怎么办？"

荀彧说："自古以来较量于成败场上的，如果真有才能，纵然弱小，也必将变得强盛；如果是庸人，纵然强大，也会变得弱小。刘邦、项羽的存亡，足可以使人明白这个道理。现今与您争天下的人，只有袁绍而已。袁绍这个人貌似宽容，实则内心狭窄，任用人才却疑心太重。主公您明正通达，不拘小节，唯才是举，唯才是用。这是在度量上胜过袁绍。袁绍遇事迟疑犹豫，少有决断，往往错过良机。您却能决断大事，随机应变，不拘成规。这是在谋略上胜过袁绍。袁绍军纪不严，法令不明，士兵虽多，却不能巧为任用。您法令严明，赏罚必行，士兵虽少，却都能奋战效死。这是在用兵上胜过袁绍。袁绍凭其名门贵族，装模作样，耍小技而博取名誉，所以士人中缺乏才能而喜好虚名者大多归附于他。您以仁爱之心待人，推诚相见，不求虚荣，行为谨严克己，在奖励有功之人时无所吝惜，因此天下忠诚正直、讲求实效的士人都愿为您效劳。

这是在德行上胜过袁绍。凭借这四方面的优势辅佐天子，扶持正义，征伐叛逆，谁敢不从？袁绍即便强大，又有何用？"

曹操听后非常高兴。荀彧进一步说："如果不先攻下吕布，那河北也不容易图谋。"曹操说："的确如您所说。但我所忧虑的，是怕袁绍侵扰关中，引发羌、胡叛乱，向南引诱刘璋。那样的话，我就要用兖州、豫州来对抗天下六分之五的势力了。那该怎么办呢？"荀彧说："关中将帅数以千计，没有人能统一起来，只有韩遂、马超最强。他们见崤山以东地区正在争战，必定各自拥兵自保。如果现在招抚他们，派遣使者与他们通好，即使不能长久安定，但至少在您平定山东之前，足以不生变动。关西的事情可以托付给钟繇，这样您就可以没有后顾之忧，放心出征了。"

建安三年（198），曹操向南已攻破张绣，向东擒杀吕布，夺下徐州，因而与袁绍形成抗衡之势。此时，袁绍击灭幽州公孙瓒，成为北方最强大的割据势力。六月，袁绍统带精兵十万，战马万匹，企图南下进攻许昌。荀彧又为曹操分析形势，说："袁绍兵虽多而法令不整肃，田丰刚愎而好犯上，许攸贪婪而不检束，审配专权而无谋，逢纪刚愎而自用，这两人料理后方，如果许攸家犯了法，一定不会宽纵，许攸必然叛变。至于颜良、文丑，不过匹夫之勇罢了，可以一战而擒！"一席话，坚定了曹操战胜袁绍的信心。

正如荀彧所分析，官渡之战曹操以少胜多，取得胜利。

建安八年（203），曹操上表，封荀彧为万岁亭侯。

建安十七年（212），曹操欲晋爵国公、加封九锡。九锡是古代帝王对大臣的九种赏赐，有车马、衣服、乐器、武士、弓矢等，这是对大臣的最高礼遇。荀彧却认为这是僭越本分，因而惹怒曹操。

曹操趁着攻打孙权的机会将荀彧留在军中，封他为侍中光禄大夫，持节，参领丞相军事。而这些，正是荀彧所不愿见到的。荀彧因此一病不起，死在寿春，时年五十岁。

建安元年（196），曹操迎献帝，迁都许县，挟天子以令诸侯，威势大增。他先后击败吕布、袁术，占据了兖州、徐州以及豫州、司隶部分地区。

建安四年（199），袁绍战胜公孙瓒，吞并幽州、冀州、青州、并州，河北尽收囊中，想要率兵攻打许昌。官渡之战的序幕由此拉开。

袁绍举兵南下的消息传到许都，曹操部将大多认为袁军强大不可敌。只有谋士荀攸说："袁军虽多，并不可怕，我军都是精锐部队，无不以一当十，但我军应速战速决，如时间过长，粮草不足，那就令人担忧了。"曹操说："你说的正合我意。"

建安五年（200）正月，袁绍派陈琳写檄文讨伐曹操。二月，袁绍进军黎阳，企图渡河与曹军主力决战。曹操于是乘机率领一支轻骑，派张辽、关羽为前锋，急趋白马。关羽冲进万军之中杀死颜良并斩首而返，袁军溃败。曹操解了白马之围后，带领白马的百姓沿黄河向西撤退。袁绍率军渡河追击，军至延津南，派大将文丑与刘备继续率兵追击曹军。曹操当时只有骑兵六百，驻于南阪下，而袁军达五六千骑，还有步兵在后跟进。曹操命令士卒解鞍放马，故意将辎重丢弃道旁。袁军一见果然中计，纷纷争抢财物。曹操突然发起攻击，击败袁军，杀了文丑，顺利退回官渡。颜良、文丑都是河北名将，却被一战而斩，袁绍军队的锐气大受挫伤。袁军初战失利，但兵力仍占优势。七月，进军阳武，准备南下进攻许昌。

八月，袁军主力接近官渡，依沙堆立营，东西宽数十里，曹操也立营与袁军对峙。曹操指着袁绍说："我在天子面前，保奏你为大将军，为什么你要谋反？"袁绍反驳道："你假借丞相的名义，想叛逆篡权，是罪恶滔天，竟然还诬陷别人谋反。"曹操说："我奉天子诏书，来讨伐你！"袁绍高呼："我奉天子密诏，声讨你这个奸贼！"曹操一挥手，曹军中张辽率部冲向袁军；袁绍指派张部领兵出战。两军厮杀，不分胜负。曹军夏侯惇、曹洪也来助战。袁军用炮轰击，两边弓箭手，万箭齐发。曹军抵挡不住，退回官渡。

袁绍的谋士审配建议，在曹营四周堆土如山，筑起楼橹，居高临下，用箭俯射曹营。曹军大为恐慌，只能顶着盾牌，匍匐行走。随后，曹军制作了一种抛石车，等袁军再射箭时，抛石车一齐发石，击毁了袁军所筑的楼橹。审配又向袁绍献计："让士兵挖地道，直穿曹营，活捉曹操。"袁军遂开始挖地道。曹兵望见袁军在山后掘土，报知曹操。曹操派人连夜也在营内挖沟。曹操在官渡守了三个月，兵少粮缺，士卒疲乏，于是写了一封信，急派人去许昌催粮。可是催粮人在半路上被袁军捉住，绑着去见谋士许攸。许攸是曹操幼年的朋友，现在在袁绍手下。许攸拿着曹操的书信来见袁绍，建议说："现在曹军粮草告急，可乘这个机会，兵分两路：一路打许昌，一路攻官渡，必大获全胜。"袁绍却说："曹操诡计多端，这封信是诱我出击的计策，不能上当。"许攸说："今日不去攻取，日后必受其害。"袁绍大怒道："你是曹操的旧友，莫非受了他的贿赂，为他作奸细，来骗我上当。本应将你斩首，你赶快走，真不想见到你。"许攸一气之下就去投奔了曹操。

彼时曹操已经休息，听说许攸来了，大喜，来不及穿鞋，光着脚迎接许攸。曹操向许攸询问攻破袁绍的计策。许攸故意问："丞相军粮还有多少？"曹操回答："可支持一年。"许攸笑道："恐怕没这么多吧！"曹操说："可支持半年。"许攸生气地走出大帐，说："我诚心诚意来投靠你，你却不信任我。"曹操忙挽留说："你不要介意，说实话，我军中的粮食仅够三个月。"许攸笑道："都说你是奸雄，果然不错。"曹操也笑道："这叫兵不厌诈。军中的粮食，只够一个月的。"许攸大声说道："你不要瞒我了，你的粮食已经没有了！"许攸把曹操的催粮信取出，并说："你的催粮使者已被袁军俘获了！"曹操大惊，忙握住许攸的手，向他请教。许攸说："我有一计，不消三日，使袁绍百万人马不攻自破！"曹操忙问："是何妙计？"许攸指出，袁军的粮草屯在乌巢，守将淳于琼性喜饮酒，麻痹大意。如果派精兵冒充袁军前去烧掉粮草，袁绍便不战自乱。曹操大喜，留下许攸好好款待。

曹操立即付诸实行，留曹洪、荀攸守住营垒，亲自率领步骑五千，打着袁军的旗号，悄悄向乌巢进发。曹军经过袁绍的营寨时，袁军见是自家的旗号，也不怀疑，便放过去了。进到乌巢，曹操命军士将草捆放在粮库周围，点起火来。众军将摇旗呐喊，冲入敌营，立即围攻放火。霎时，火焰四起，粮草辎重陷入火光之中。袁军惊慌失措，只顾逃命。

袁绍获知曹操袭击乌巢后，一方面派轻骑救援，另一方面命令张郃、高览率重兵猛攻曹军大营。曹营中左路夏侯惇，右路曹仁，中路曹洪，一齐冲出。三路夹击，袁军大败。张郃、高览身陷重围，丢兵折将，又恐怕回去被袁绍问罪，便率领本部人马，倒戈卸甲，投降曹操。曹操得胜，心中甚喜。荀攸献计说："如今可扬言：调拨人马，去切断袁军的各条归路。袁绍必然分兵阻拦我军，到时乘虚出击，敌军可破。"曹操采纳了这条建议。袁绍自走了许攸，张郃、高览也投降了曹操，又失了乌巢粮草，军心惶惶。现在听说曹兵切断归路，更加惊恐不安，急派各路分兵拦阻，自己连夜起行，仓皇带领八百骑兵退回河北。

官渡之战增强了曹操的实力，为曹操击溃袁绍，统一北方奠定了坚实的基础。曹操以两万左右的兵力，出奇制胜，击破袁军十万，成为中国历史上以弱胜强、以少胜多的精彩战役。

赤壁鏖战

赤壁之战发生在东汉末年，当时，曹操已经征服北方，开始挥军南下。此时刘琮任荆州州牧。曹操南下的路线会经过荆州，经过分析，刘琮投降了曹操，并且没有告诉刘备。直到曹操到达新野，刘备才知道曹操南下的消息。由于兵力悬殊，刘备利用曹操多疑的性格，让张飞带二十骑兵断后，自己仓促率军民南撤。

这时位于江东的孙权也知道了曹操南下的消息，派鲁肃去会见刘备。鲁肃极力撮合刘备与孙权合作，刘备觉得这个方法可行，于是派诸葛亮去江东参见孙权。

这时候，曹操送给孙权一封信，说："近来，我奉皇帝的命令讨伐有罪的人，向南进军，刘琮投降了。现在训练了八十万水军，正要同将军在东吴一起打猎。"孙权把曹操的信给手下臣子们看。长史张昭等人主张投降曹操，只有鲁肃认为应该攻打曹操。

当时周瑜接受使命驻守番阳，鲁肃劝孙权召回周瑜。周瑜回来后，对孙权说："曹操托名汉朝丞相，实是汉朝的奸贼。将军您凭着超人的武略和杰出的才干，又依靠父兄的功业，占据江东一带，土地纵横数千里，

赤壁之战示意图

军队精锐，物质充足，英雄乐意效力，应当驰骋天下，替汉朝剪除残暴。曹操现在是自己来送死，怎么能去投降他呢？现在北方还没有平定，马超、韩遂还在函谷关以西，是曹操的后患；而曹操远道跋涉来到江湖地带，士兵水土不服，一定会生病。这几件事都是用兵时最忌讳的，可是曹操却冒失地这样做了。将军捉拿曹操，应该就在今天。"孙权说："曹操这个老贼想废掉汉帝自立为帝很久了，只是顾忌二袁、吕布、刘表和我罢了。现在那几位已经灭亡，只有我还在。我和老贼势不两立，您说应该抗击他，同我的意见很相合。"于是拔刀击砍前面的矮桌，说："哪位敢再说应该投降曹操的话，就和这桌子一样！"

于是孙权以周瑜、程普为正副统帅，率领部队同刘备共同抵挡曹操，并派鲁肃担任赞军校尉，协助谋划作战的策略。

同年十二月，孙刘两军逆水而上，行至赤壁，与正在渡江的曹军相遇。曹军当时已遭瘟疫，而新编水军及新附荆州水军难以磨合，士气明显不足，初战即被周瑜水军打败。曹操不得不把水军驻扎在江北与陆军会合，把战船靠到北岸乌林一侧，等待良机。周瑜则把战船停靠在南岸赤壁一侧，隔长江与曹军对峙。

曹操为克服不习水战的弱点，下令把战船用铁索连锁在一起，上面铺上木板，不仅解决了船只颠簸的问题，又利于士兵在船上往来行动。开战之前，先是"北风紧吹"，然后"南风急起"，周瑜、黄盖抓住这一有利时机，运用水战火攻的战术。

周瑜部将黄盖说："现在敌众我寡，很难同他们坚持长久，曹军并连战船，首尾相接，可用火攻使他们败逃。"于是就用十艘蒙冲斗舰，装满干燥苇荻和枯柴，把油浇灌在里面，外面用帐幕包起来，上面插上旗帜，预先准备好轻快的小船，连在战船的尾部。先送信给曹操，假说要投降。当时东南风刮得很急，黄盖把十艘战船放在最前面，到了江心，挂起风

火烧赤壁

帆，其余各船依次前进。曹操军中的士兵和军官都走出军营站着观看，指点着，谈论着黄盖来投降了。距离曹军二里多远的时候，各船同时点火，火烈风猛，船走如箭，把北面曹军的船全烧光了，还蔓延到岸上的军营。一会儿，烟雾和火焰布满天空，曹操的人马烧死淹死的很多。周瑜等率领轻装的精锐部队紧跟在后面，擂起战鼓，大举进攻，曹军大败。曹操则败走华容道，带领残部回到北方。

赤壁之战形成了天下三分的雏形，奠定了三国鼎立的基础。

火烧连营

公元 221 年 7 月，刘备亲率蜀汉军队数万人，对吴国发动了大规模的战争。当时，两国的国界已西移到巫山附近，长江三峡成为两国之间的主要通道。刘备派遣将军吴班、冯习、张南率领约三万人（后期有沙摩柯等五溪蛮夷加入，总兵力应达到五万）为先头部队，夺取峡口，攻入吴境，在巫地击破吴军李异、刘阿部，占领秭归。为了防范曹魏乘机袭击，刘备派镇北将军黄权驻扎在长江北岸，又派侍中马良到武陵活动，争取当地部族首领沙摩柯起兵协同蜀汉大军作战。

面对蜀汉大军压境，孙权以陆逊为大都督，辖制朱然、潘璋、韩当、徐盛、孙桓等部共五万人开往前线，迎击蜀汉军队。同时东吴为避免腹背受敌，与曹魏修好。

公元 222 年正月，蜀汉吴班、陈式的水军进入夷陵地区，屯兵长江两岸。二月，刘备亲率主力从秭归进抵猇亭，建立大本营。这时，蜀军已深入吴境二三百公里，由于开始遭到吴军的遏阻抵御，其东进的势头停顿了下来。在吴军扼守要地、坚不出战的情况下，蜀军不得已在巫峡、建平至夷陵一线数百里地上设立了几十个营寨。为了调动陆逊出战，刘备遣前部督张南率部分兵力围攻驻守夷道的孙桓。孙桓是孙权的侄儿，陆逊的部下纷纷要求出兵援救孙桓，陆逊摇了头摇说："不能去！倘若我们将兵力分得过散，就不可能把刘备打败。再说，孙桓固守的夷道，城池坚固，城内粮食充足，坚守数日是不成问题的。"

寨连烧火

陆逊手下的将领，有的是久经沙场的老将，有的是孙权的宗室或亲戚，谁也不把二十来岁的陆逊放在眼里。陆逊接着道："大敌当前，国事为重，谁敢触犯军法，莫怪这把宝剑无情！"有士兵报告说："刘备派人在阵前辱骂、挑衅。"陆逊说道："刘备率领精兵八千埋伏在东面的山谷中，就等着我们上钩呢！现在正是他们士气旺盛的时候，如果我被他们引诱出来，必然会被打得落花流水。现在只能等待战机，决不能上当！"

从正月到六月，两军仍然相持不决。刘备为了迅速同吴军决战，曾频繁派人到阵前辱骂挑战，但是陆逊均沉住气不予理睬。后来刘备又派遣吴班率数千人在平地立营，在山谷中埋伏了八千人马，企图引诱吴军出战，伺机聚歼吴军。但是此计依然未能得逞。陆逊坚守不战，破坏了刘备依靠优势兵力速战速决的战略意图。蜀军将士斗志逐渐涣散松懈。

六月的江南，正值酷暑时节，暑气逼人，蜀军将士苦不堪言。刘备无可奈何，只好将水军舍舟转移到陆地上，把军营设于深山密林里，依傍溪涧，屯兵休整，准备等待秋后再发动进攻。由于蜀军是处于吴境二三百公里的崎岖山道上，远离后方，故后勤保障多有困难，且加上刘备百里连营，兵力分散，从而为陆逊实施战略反击提供了可乘之机。

　　陆逊看到蜀军士气沮丧，认为战略反攻的时机已经成熟。

　　陆逊在进行大规模反攻前夕，先派遣小部队进行了一次试探性的进攻。这次进攻虽未能奏效，但却使陆逊从中寻找到了破敌之法——火攻蜀军连营的作战方法。因为当时江南正是炎夏季节，气候闷热，而蜀军的营寨都是由木栅筑成，周围又全是树林、茅草，一旦起火，就会烧成一片。决战开始后，陆逊即命令吴军士卒各持茅草一把，乘夜突袭蜀军营寨，顺风放火。霎时间火势猛烈，蜀军大乱。吴将朱然率军五千首先突破蜀军前锋，猛插到蜀军的后部，与韩当所部围攻蜀军于涿乡，切断了蜀军的退路。潘璋所部猛攻蜀军冯习部，蜀军大败。守御夷道的孙桓部也主动出击，投入战斗。吴军进展顺利，很快就攻破蜀军营寨四十余座，并且用水军截断了蜀军长江两岸的联系。蜀军将领张南、冯习及土著部族首领沙摩柯等阵亡，杜路、刘宁等卸甲投降。陆逊集中兵力，四面围攻，又歼灭蜀军近万人。至此，蜀军溃不成军，大部分死伤、逃散，车、船和其他军用物资丧失殆尽。刘备乘夜突围逃遁，行至石门山，被吴将孙桓部追逼，几乎被擒。后卫将军傅彤等拼死保护刘备，被吴兵杀死。后依赖驿站人员焚烧溃兵所弃的装备堵塞山道，才得以摆脱追兵，逃入白帝城。

　　这一战，刘备几乎全军覆没，阵亡数万人。而刘备则一病不起，亡故于白帝城。

　　八王之乱是西晋时统治阶层历时十六年（291—306）之久的战乱。战乱参与者主要有汝南王司马亮、楚王司马玮、赵王司马伦、齐王司马冏、长沙王司马乂、成都王司马颖、河间王司马颙、东海王司马越八王。晋武帝即位以后，吸取魏亡教训，封了二十七个同姓王。每个王国都有自己的军队，王国里的文武官员都由诸侯王自己选用。他以为这样一来，司马氏的统治就可以稳固了，谁知反而种下了祸根。

　　永熙元年（290），晋武帝临终时命弘农大姓出身的车骑将军、杨皇后的父亲杨骏为太傅、大都督，掌管朝政。继位的晋惠帝痴呆低能，皇后贾南风为了让自己的家族掌握政权，秘密派人与汝南王司马亮和楚王司马玮联络，要他们带兵进京，讨伐杨骏。

　　楚王司马玮从荆州带兵进入洛阳。贾后有了楚王司马玮的支持，就宣布杨骏谋反，派兵包围杨骏的家，把杨骏杀了。

　　杨骏被杀之后，汝南王司马亮进洛阳辅政。他想独揽大权，可是兵权在楚王司马玮手里。贾南风政治野心未能实现，当年六月，她又使楚王司马玮杀了汝南王司马亮，然后反诬楚王司马玮矫诏擅杀大臣，将司马玮处死。自此，贾南风遂执政，于元康九年（299）废太子司马遹，朝廷大臣对贾南风的凶狠本来就十分不满，现在见她废掉太子，背地里十分气愤，议论纷纷。掌握禁军的赵王司马伦觉得这是个好机会，想起兵反对贾南风，但他又怕让太子掌了权，也不好对付，就在外面散播谣言，说大臣正打算秘密扶植太子复位。贾南风听到这个谣传，真的派人毒死了太子。赵王司马伦见隐患已去，趁机派禁军校尉、齐王司马冏带兵进宫逮捕贾后。

专门玩弄阴谋的贾南风见齐王司马冏带兵进宫，大吃一惊，说："你们想干什么？"齐王司马冏说："奉皇上的诏书，特来逮捕你。"贾南风为赵王司马伦所杀。

永宁元年（301），赵王司马伦废惠帝自立。司马伦篡位后，驻守许昌的齐王司马冏起兵讨伐司马伦，镇邺的成都王司马颖与镇守关中的河间王司马颙举兵响应。洛阳城中的禁军将领王舆也起兵反抗司马伦，迎惠帝复位，杀死赵王司马伦。齐王司马冏以大司马入京辅政。太安元年（302）年底，河间王又从关中起兵讨伐司马冏，洛阳城中的长沙王司马乂也举兵入宫杀齐王司马冏，政权落入司马乂之手。太安二年（303），河间王司马颙、成都王司马颖合兵讨长沙王司马乂。司马颙命都督张方率精兵七万，自函谷关向洛阳推进；司马颖调动大军二十余万，也渡河南向洛阳。二王的联军屡次为长沙王司马乂所败。次年正月，洛阳城里的东海王司马越与部分禁军合谋，擒长沙王司马乂，将其交给河间王司马颙的部将张方，司马乂被张方烧死。成都王司马颖入洛阳为丞相，但仍回根据地邺城，以皇太弟身份专政，政治中心一时移到邺城。东海王司马越对成都王司马颖的专政不满，率领禁军挟惠帝北上进攻邺城。荡阴一战，被成都王司马颖击败，惠帝被俘入邺，东海王司马越逃往自己的封国。与此同时，河间王司马颙派张方率军占领洛阳，接着并州刺史司马腾（司马越弟）与幽州刺史王浚联兵攻破邺城，成都王司马颖与惠帝投奔洛阳，转赴长安。永兴二年（305），东海王司马越又从山东起兵进攻关中，击败河间王司马颙。光熙元年（306），东海王司马越迎惠帝回洛阳，成都王司马颖、河间王司马颙相继为其所杀，大权落入司马越手中。八王之乱到此终结。

法显是晋代高僧，既是翻译家，又是旅行家。

法显出生在一个虔诚的佛教家庭，三岁时父母便把他送进寺庙当童僧，二十岁时正式受戒当了和尚。

公元 399 年，佛教界掀起了到佛教的发源地——印度取经的热潮。这时法显已经六十五岁了。他为了取经求法和参访佛迹，不顾年老力衰，决定同数名僧人结伴西行。

他们一行从长安出发，第二年才到达敦煌。经过了水流湍急的黄河，越过了高耸入云的祁连山，经过了一千五百里远的白龙堆沙漠。这些地方，上无飞鸟，下无走兽，望穿了眼睛，也休想找个安身之处，他们只能靠死人骨头来辨别方向。就在这样的路上，他们整整走了 17 天。到达鄯善以后，迎接他们的是一片更大的沙漠——塔克拉玛干大沙漠。又走了一个月零五天，才见到一片绿洲，此地就是古代西域的佛教重地新疆和田。

与法显从长安一道出发的旅伴，有的死于沙丘，有的半途折返。但他没有丝毫怯懦，掩埋好同伴的尸首，又继续前进。在此后近十年的漫长岁月里，他不知疲倦地在南亚次大陆的土地上奔波，足迹遍及今天的巴基斯坦、阿富汗、印度以及斯里兰卡。

　　法显到处追踪佛教发祥地的圣迹。他以旺盛的求知欲考察了印度等国的风土人情和名胜古迹，更以虔诚的心情瞻仰了佛教圣地，但法显总感到不满足。他来印度的一个重要目的是取经，现在，这个目的还没有达到。于是，他又来到印度巴特那，这里有当时印度最大的佛教寺院，藏有很多重要经律，还有不少深通佛理的高僧在此讲学。法显在这里住了三年，刻苦学习，抄录经律，收集记录了许多珍贵佛教经典。之后，他又顺恒河东下，到达多摩利帝国。相传释迦牟尼曾来这里讲学，佛教也很盛行。在这里，法显又用两年时间，抄录佛经并画了一些佛像。后来，法显又到了斯里兰卡，继续寻求国内没有的佛经。

　　法显七十八岁的时候，回到了中原，他整理了十四年的旅途见闻，翻译了带回的佛经，最后写成了《佛国记》这一不朽著作。

淝水之战

　　前秦苻坚重用汉人王猛，国力大增，公元373年攻占了东晋的梁、益，一统北方。王猛死后七年，苻坚认为时机成熟，决定攻击东晋。太元元年（376），孝武帝司马曜开始亲政，谢安升中书监，录尚书事，总揽朝政。当时的东晋，长江上游由桓氏掌握，下游则属于谢氏当政，谢安尽力调和桓、谢两大家族关系，为即将爆发的战争作准备。

　　这时，前秦兵力已经很强盛，东晋朝廷上下震惊恐慌。谢玄进来，向谢安问计，谢安神色平静，回答说："朝廷已经另有打算。"谢玄不敢再说什么，就让张玄再次去询问。谢安于是命令车驾去山林别墅游赏，亲朋全都来了。谢安邀请张玄下棋，用别墅作赌注。谢安的棋艺在张玄之下，这天，张玄思绪不宁，竟然不能取胜。谢安下完棋后，登高游览，直到夜里才回来。桓冲深为京城安危忧虑，派三千精锐士兵前来保卫京师。谢安坚决地拒绝了，说："朝廷谋划已定，兵力和装备都不缺，你镇守的荆州是京师建康西边的屏障，应该留下这些精锐部队作为防备。"桓冲对辅佐的官吏感叹："谢安石有执掌朝政的才能和度量，但他不懂得用兵的韬略。如今大敌就要到了，他还不停地外出游玩闲谈，派几个没有经历过大事的孩子抵御敌军，兵力又少又弱，东晋的命运已可想而知，我们这些人将臣服于前秦氏族人的统治了！"

符坚弟弟阳平公符融攻下寿阳，活捉了东晋的平虏将军徐元喜等人。但秦王符坚与阳平公符融登上寿阳城时，只见晋兵阵容严整，又望见八公山上的草木，以为都是埋伏在那里的晋兵，符坚对符融说："这样的军队也是劲敌，怎么能说他们弱小呢！"

秦兵紧靠着淝水列阵，晋兵不能渡河。谢玄派使者对阳平公符融说："你孤军深入，却把阵势摆在淝水边，这是作持久战的打算，而不是想速战速决。如果把你们的阵势稍稍退却，让晋兵渡过淝水，来决一胜负，不是很好吗？"秦的众位将领都说："我军人多他们人少，不如阻挡他们，使他们不能渡河，可以万无一失。"符坚说："只须带兵稍稍后退，让他们渡到一半时，我们用铁骑践踏而杀死他们，这样没有不能取胜的！"符融也认为对，于是指挥军队退后。秦兵开始后退，这一退就没法停下来了。谢玄、谢琰、桓伊等率兵渡过淝水攻击秦军。符融骑马奔驰压阵，想以此阻挡退却的士兵，但马倒地，他被晋兵杀死。谢玄等人乘胜追击，追到了青冈。秦兵大败而逃。那些逃跑的士兵听到风吹的声音和鹤叫声，都以为晋兵就要追来了，昼夜不敢停，在草丛里行军，在野外住宿，再加上又冷又饿，死的人有十之七八。刚开始，秦兵稍稍退却时，在秦军中的原东晋将领朱序在阵后大声呼叫说："秦兵败了！"士兵们于是狂奔逃命。朱序趁机与张天锡、徐元喜都向东晋的大军奔来，还缴获了秦王符坚乘坐的云母车。随即，攻下了寿阳，活捉了淮南太守郭褒。

谢安收到驿马送来的战报，知道了秦兵已经被打败。当时他正与客人下棋，他看好后收起书信放在坐榻上，脸上没有一点喜悦的神情，仍像原先那样下棋。客人问他，他从容地回答说："孩儿们已经如愿把秦兵打败了。"下完棋，他回到内室，过门槛时难以抑制内心的喜悦而步履不稳，不知不觉间竟折断了屐齿。

淝水之战的胜利者东晋王朝虽无力恢复对全国的统治权，却有效地遏制了北方少数民族的南下侵扰，为江南地区社会经济的恢复和发展创造了条件。

"千古江山，英雄无觅，孙仲谋处。舞榭歌台，风流总被，雨打风吹去。斜阳草树，寻常巷陌，人道寄奴曾住。"寄奴是南朝宋武帝刘裕的小名。刘裕是徐州人，祖籍彭城县绥舆里，是楚元王刘交的第二十一世孙，后来随其先祖举家迁居到京口，即今天的镇江市。

在刘裕二十岁时，中国历史上发生了著名的淝水之战。徐州人刘牢之因在淝水战役中战功赫赫而名噪一时。刘裕参军后，几经辗转，到了刘牢之麾下，当了一名参军。在转战三吴的几年中，刘裕屡充先锋，每战必挫败敌人，初步显露其军事才能。他不仅作战勇猛，披坚执锐，冲锋陷阵，且指挥有方，富有智谋。当时诸将纵兵暴掠，荼毒百姓，独有刘裕治军整肃，法纪严明。因讨乱有功，刘裕被封为建武将军，领下邳太守。

元兴元年（401），盘踞在长江上游军事重镇荆州的桓玄举兵东下，攻入建康，收夺刘牢之兵权。刘裕审时度势，暂时投靠了桓玄。元兴三年（403）二月，刘裕以打猎为名，聚集百余人在京口发难，被众人推为盟主。传檄四方，各地纷起响应。桓玄见势不妙，挟持晋安帝逃跑了。三月，刘裕率兵攻入建康，坐镇京师，指挥各路人马乘胜西进，诛杀桓玄。元兴四年（404）三月，刘裕迎晋安帝复位。刘裕为侍中、车骑将军、都督中外诸军事，掌握朝政。

自平定桓玄之乱后，从义熙五年（409）开始，刘裕带兵征讨，进行了消灭割据势力的统一战争。至义熙十一年（415），南方各大割据势力全部被刘裕消灭，南方归为一统。

南方统一之后，刘裕决定兴师北上。他统领晋军向北挺进，攻取今山东中北部的南燕。刘裕冒险越过大岘山隘，一举攻克临朐。接着，晋军将士在刘裕的亲自鼓舞下迅速进击，直逼燕都广固，最后拿下了燕都，活捉了燕王慕容超。齐境克服，刘裕本想停镇下邳，荡清河洛，但孙恩妹夫卢循收集起孙恩残部，刘裕不得不班师回朝。义熙十二年（416）八月，刘裕率大军兵分四路进行第二次北伐。九月，抵达彭城。他将彭城作为军事基地和指挥中心，边指挥打仗，边进行建设。当时汴水暴涨，冲毁城墙，他不仅整修城防，还疏通河道，航船可直达京城。

义熙十三年（417）正月，刘裕让他的儿子刘义隆镇守彭城，自己率领大军北上。继收复许昌、洛阳后，他直捣长安，消灭后秦，班师回到彭城。

两度北伐胜利，刘裕地位愈加显赫，位至相国，被封为宋公。晋恭帝元熙二年（420），刘裕以接受禅让的名义登上皇帝宝座，改国号宋，成为南朝开国皇帝，史称宋武帝。

刘裕即位之后，体恤百姓疾苦，降低农民租税，废除苛繁法令，休养生息，发展生产。由于出身寒微，刘裕非常理解农民的艰辛。刘裕在生活上崇尚节俭，不爱珍宝，不喜豪华。他平时穿着十分随便，常常拖着连齿木屐，身着普通裙帽散步。他的床头挂着的是粗布做成的帐子，墙壁上挂着简陋的灯笼和麻绳做的拂灰扫把。为告诫后人，他命人将自己年轻时耕田用过的耨耙之类的农具和补缀多层的破棉袄藏在宫中，以使后人懂得稼穑之艰难。

刘裕的才能是多方面的。首先，他整顿吏治。凡是骄纵贪侈，不恤政事的官员，无论是士族或皇族出身，还是他的亲信或者功臣，一律严惩不贷。其次，他重用寒门出身的人才，如刘穆之、檀道济、王镇恶、赵伦之等。与此同时，刘裕下令禁止豪强封锢山泽、乱收租税，百姓可以任意樵采捕捞；严禁地方官吏滥征租税、徭役，规定租税、徭役都以现存户口为准；凡是宫府需要的物资，照价给钱，不得征调。最后，刘裕虽是行伍出身，识字不多，但是非常重视教育。刘裕还下令广收书籍，以传后世。

永初三年（422）五月，宋武帝刘裕病逝，时年六十岁。

北魏孝文帝改革

鲜卑族是中国历史上一个古老的北方民族。拓跋部是鲜卑族活动在大兴安岭北端东麓一带的一个分支。拓跋部不断南迁，在西晋时，部落首领拓跋猗卢因为帮助当时朝廷抗击刘渊、石勒有功，被皇帝封为代王，建立了代国。但不久，代国为兴起的前秦所灭，拓跋部的历史也暂时中断了。淝水之战后，前秦统治瓦解，拓跋部的拓跋珪趁机复国，召开部落大会，即代王位，并改国号为魏，称皇帝，史称北魏。此后几代北魏统治者都致力于统一，发动兼并战争，先后灭掉了北方的大夏、北燕和北凉，于439年统一了北方。

在民族征服的过程中，北魏统治者对各族人民实行了压迫政策，致使民族矛盾不断激化。

延兴五年（471），拓跋宏即位，是为孝文帝。此后，农民起义依旧有增无减，而朝廷残酷的镇压非但没有平息人民的起义，反而激发了更多的矛盾和斗争。为了缓和社会矛盾和民族矛盾，冯太后、孝文帝先后进行了一系列改革，统称为孝文帝改革。

为了学习中原先进的文化，加强对黄河流域的控制，巩固北魏政权，孝文帝决心把国都从平城迁到洛阳。他怕大臣们反对迁都的主张，便假意提出要大规模进攻南齐。他把这个打算在朝会上提了出来，大臣纷纷反对，反对最激烈的是任城王拓跋澄。

孝文帝发火道："国家是我的国家，你想阻挠我用兵吗？"拓跋澄反驳说："国家虽然是陛下的，但我是国家的大臣，明知用兵危险，哪能不讲？"

孝文帝想了一下，宣布退朝，回到宫里，单独召见了拓跋澄，对他说："老实告诉你，刚才我向你发火，是为了吓唬大家。我真正的意思是改革。平城是个用武的地方，不适宜改革政治，要移风易俗，非得迁都不行。这回我出兵伐齐，实际上是想借这个机会，带领文武官员迁都中原，你看怎么样？"拓跋澄恍然大悟，马上同意了魏孝文帝的主张。

公元 493 年，魏孝文帝亲自率领三十多万步兵、骑兵南下，从平城出发，到了洛阳。正好碰到秋雨连绵，足足下了一个月，道路泥泞，行军困难。但是孝文帝仍旧戴盔披甲骑马出城，下令继续行军。大臣们本来不想出兵伐齐，趁着这场大雨，又出来阻拦。孝文帝严肃地说："这次我们兴师动众，如果半途而废，岂不是让后人笑话？如果不能南进，就把国都迁到这里，诸位认为怎么样？"大家听了，面面相觑，没有说话。孝文帝说："不能犹豫不决了。同意迁都的往左边站，不同意的站在右边。"一个贵族说："只要陛下同意停止南伐，那么迁都洛阳，我们也愿意。"许多文武官员虽然不赞成迁都，但是听说可以停止南伐，也都只好表示拥护迁都了。

孝文帝把洛阳安排好了，又派任城王拓跋澄回到平城，向那里的王公贵族宣传迁都的好处。后来，他又亲自到平城，召集贵族大臣讨论迁都的事。

平城的贵族中反对迁都的还不少。他们找出一条条理由，都被孝文帝驳倒了。最后，那些人实在讲不出道理来，只好说："迁都是大事，到底是凶是吉，还是卜个卦吧。"

孝文帝说："卜卦是为了解决疑难不决的事。迁都的事，已经没有疑问，还卜什么呢？要治理天下的，应该以四海为家，今天走南，明天闯北，哪有固定不变的道理？再说我们上代也迁过几次都，为什么我就不能迁呢？"贵族大臣们被驳得哑口无言，迁都洛阳的事，就这样决定下来了。

洛阳是古代帝王理想的建都立业之所，也是汉文化积淀深厚之地，迁都洛阳是北魏孝文帝一生最重要的功业之一。作为少数民族的政治家和改革家，这一举措体现了一代帝王的雄才大略。

孝文帝拓跋宏受过良好的汉文化教育，对汉民族的文化极其崇拜。他从小由其祖母冯太后抚养，冯太后是汉族人，知书达理，聪明果断，曾执掌北魏大权二十多年。她参照汉族的文化制度，颁布了许多重要的改革措施。孝文帝在她的熏陶下，成长为汉文化忠实的推行者。

孝文帝不拘一格地选用人才，为自己的改革组织了一个智囊团，在他们的支持和帮助下，孝文帝从改革鲜卑旧俗，学习汉族的生活方式和典章制度着手，开始了自己的改革。他下令禁止鲜卑贵族穿着胡服，一律改穿汉族衣服。后来又禁止鲜卑贵族讲鲜卑语，一律改说汉语。他又改变鲜卑贵族的姓氏。他先把皇族的姓氏拓跋氏改为元氏，所以孝文帝拓跋宏又称为元宏。他还把其他的一百多个鲜卑姓氏改为汉姓。同时下令改变鲜卑人的籍贯，规定凡是迁到洛阳的鲜卑人都算是洛阳人，死后不许归葬塞北。

为了拉拢汉族地主，扩大统治基础，孝文帝还主张同汉族通婚。他自己率先娶汉族大姓卢、崔、郑、王四家的女儿为妃，把自己的女儿嫁给汉族大姓，还为自己六个弟弟娶了汉族地主的女儿为妻。这种姻亲关系，把汉族地主和鲜卑贵族的利益联系在一起，壮大了北魏的统治力量。而且，血统的交融，加速了鲜卑的汉化。孝文帝还废除了鲜卑族原来的政治制度，仿照南朝齐，重新制定了一套官制礼仪，修订法律，改革官职名称等。

孝文帝对汉族的文化艺术也有很大兴趣。他从小就接受汉族文化的教育，不仅精通五经，史书传记、诸子百家也涉猎颇多，对汉族的诗文亦很有研究。他积极创办学校，传播文化知识，搜集整理天下书籍，使因战乱而衰落的北方文化开始复兴。在他的带动下，鲜卑人进步很快。

虽然孝文帝的改革也遭遇到了鲜卑旧贵族的强烈反对，但是在他的坚决推行下，改革的成果得以巩固。

李渊建立唐朝

唐高祖李渊，字叔德，陇西成纪人，祖籍邢州尧山，唐朝开国皇帝。李渊出身于北周的贵族家庭，七岁袭封唐国公。开皇中，历任谯、陇、岐三州刺史。隋炀帝即位后，李渊又历任荥阳、楼烦二郡太守。后被召为殿内少监，又升卫尉少卿。大业十一年（615），李渊拜山西河东慰抚大使。大业十三年（617），出任太原留守，被派去镇压农民起义。虽然打过几次胜仗，但是农民起义队伍越来越强大，隋王朝眼看就要土崩瓦解了，他不得不为自己考虑起后路来。在镇压农民起义的过程中，李渊招降纳叛，不断扩充自己的实力。

李渊次子李世民有才华、有胆识，亦暗中结交豪杰，招纳逃亡之人，网罗各种人才。

晋阳县令刘文静、晋阳宫监裴寂都是李世民的密友。李世民打算和晋阳县令刘文静一起密谋起兵。但当时李密起兵反隋，隋炀帝下令捉拿李密亲友。刘文静受到株连，革职关在晋阳的监牢里。李世民听到刘文静坐了牢，十分着急，赶到监牢里去探望。李世民拉着刘文静的手说："我来探望，不单是为了友情，主要是想请您帮我出个主意。"刘文静早就知道李世民的心思，说："现在皇上远在江都，李密逼近东都，到处都有人造反。这是打天下的好时机。我可以帮您收集十万人马，您父亲手下还有几万人。如果用这支力量起兵，打进长安，号令天下，不出半年，就可以取得天下。"李世民高兴地说："您真说到我心里去了。"

李世民回到家里，仔细想了想刘文静的话，越想越觉得有道理，但是要说服父亲，倒是个难题。正好在这个时候，太原北面的突厥进攻马邑。李渊派兵抵抗，接连打了败仗。李渊怕这件事被隋炀帝知道了，会追究他的责任，急得不知如何是好。

李世民起兵造反的计策确定后，李渊还不知情。李世民想如实相告，又担心李渊不听，便私下找到裴寂商议。然后，裴寂把李世民的谋划告诉了李渊。李渊一听，大惊，开始时坚决不同意，还表示要把李世民送去报官，但是过了一会儿还是答应了起兵。

第二天，李世民又来和父亲谈论这个话题："您受命来当太原留守，现在一方面要讨伐造反的人马，一方面要抵挡突厥的进攻，实在是力不从心。况且当今皇上猜忌心重，功劳越大，您的处境就越危险。我觉得您现在只有一条路，就是赶紧起兵反隋。"李渊叹了一口气，犹豫地说："你的话也有道理，我就是拿不定主意。一旦失败，那可是要家破人亡的啊！"李世民见父亲松了口，便继续说道："现在天下大乱，群雄并起，官军力量分散，不难对付。我有个朋友叫刘文静，现在被羁押在晋阳监牢里，他是个人才，还可以帮我们招兵买马。"

李渊听从李世民的劝告，立刻把刘文静从牢里放了出来，派他去招集人马，同时召回了在河东打仗的李建成和李元吉。

太原副留守王威和高君雅本是隋炀帝派来监视李渊的。看到李渊招兵买马，对李渊起了疑心，便密谋骗李渊父子到晋祠祈雨，想除掉李氏，向隋炀帝邀功请赏。不料，这一密谋被晋阳乡长刘世龙获悉，告知了李渊。五月十五日，李渊、李世民先发制人，指使开阳府司马刘政会告发王威、高君雅二人暗中勾结突厥，引突厥入中原，借此将二人囚禁。五月十七日，恰巧数万突厥军队进攻晋阳，李渊立刻名正言顺地将两人斩首。同时，李渊又设下空城计，开城门吓退了突厥的军队。接着，李渊开始了起兵反隋的准备工作。

李渊采纳李世民的建议，派刘文静去跟突厥结交。李渊也深知以太原为根据地起兵南下，必须处理好与突厥的关系，否则突厥包抄后路，后果不堪设想。突厥始毕可汗得书后大喜，但坚持要李渊称臣于突厥。李渊为免突厥包抄后路之患，只好答应。起兵南下之前，突厥送来战马千匹。南下至龙门时，始毕可汗又派人马赶来助战。突厥人马的补充，使李渊的骑兵力量大大增强。

李渊起事后，为使东面李密起义军不致成为自己进兵关中的掣肘，令温大雅带着他的信去见李密。信中一面吹捧李密是当今天下大乱之际唯一能宁世安民的英雄，表示对李密的拥戴；一面剖白自己胸无大志，无意灭隋，从而使李密放松了对他的警惕防范。

李渊率军三万誓师，正式起兵。在发布的檄文里斥责隋炀帝听信谗言，杀害忠良，穷兵黩武，致使民怨沸腾，又发檄文声讨隋炀帝的罪行。誓师后，李渊与长子建成、次子世民挥师南下。

唐军来到霍邑，遭到隋朝将军宋老生的拦击。霍邑一带道路狭隘，又赶上接连几天大雨，唐军的军粮运输中断了。军中谣言四起，纷纷传说突厥兵正准备偷袭晋阳。李渊动摇起来，想撤兵回晋阳去。李世民对李渊说："现在正是秋收季节，田野里有的是粮食，哪怕缺粮！宋老生也没有什么可怕。我们用义兵的名义号召天下，如果还没打仗就撤退，岂不叫人失望？回到晋阳，是断断没有生路的。"李建成也支持弟弟的主张。李渊这才改变了主意，取消了撤兵的打算。

八月的一天，久雨刚刚放晴。唐军一早沿着山边小路，急行军来到霍邑城边。李渊先派建成率领几十个骑兵在城下挑战。宋老生一看唐军人少，亲自带了三万人马出城。李世民带兵居高临下，从南面山头冲杀下来，把宋老生的人马冲得七零八落。宋老生急忙回头想逃回城去，但李渊的兵士已经占领了城池，把城门关得紧紧的。宋老生走投无路，最终被唐军杀了。

唐军攻下霍邑以后，继续向西进军，在关中农民军的配合下，渡过黄河。留在长安的李渊的女儿也招募了一万多人马，号称"娘子军"，响应唐军进关。

唐军一路过关斩将，招兵买马，所到之处都打开粮仓救济贫民。老百姓对这支队伍很有好感，加入进来的人越来越多，当攻打长安时，已经成了一支二十多万人的大军。

李渊攻下长安后，取得号令关中的地位，立即废除了隋朝的苛法暴政，并宣布约法十二条，受到百姓欢迎。李渊见时机没有完全成熟，暂时还是遥尊隋炀帝为太上皇，让隋炀帝的孙子杨侑做了傀儡皇帝，即隋恭帝，自己则以唐王、大丞相的身份掌握一切军国大政。

这时，各地起义军都发展起来了，如李密领导的瓦岗起义军、窦建德领导的河北起义军、杜伏威领导的江淮起义军等，都给了隋军沉重的打击。隋炀帝干脆躲到江都，继续过着花天酒地的生活。

第二年夏天，护卫隋炀帝的禁卫军将士，眼看着暴君的末日就快到了，不想跟着送死。大将宇文化及乘机发动兵变，攻进行宫，把隋炀帝软禁起来。隋炀帝起初还嚣张地问道："是谁带头这样做的？"将士们气愤地说："天下所有的人都恨透了你这个暴君，恨不得把你千刀万剐，还需要哪个来带头杀你吗？"隋炀帝吓得低下了头，他知道自己的死期到了，便解下巾带交给看押他的卫士。

公元618年，李渊听说隋炀帝在江都被宇文化及勒死的消息后，便把杨侑赶下了台，自己做了皇帝，建立唐朝，历史上称他为唐高祖。

隋炀帝虽然死了，但东都洛阳还在隋炀帝的孙子杨侗和大臣王世充手中。王世充拥立杨侗为皇帝，即隋越王，仍打着隋朝的旗号，继续与起义军为敌。王世充打败了李密统帅的瓦岗军后，就把杨侗废了，自己当了皇帝，国号为郑。这时，窦建德也自立为帝，国号叫夏。他们都是刚建立起来的唐朝的强大对手。

李渊派李世民等先后消灭了各支起义军和割据势力，直到公元623年，唐统一中国的战争才基本结束。

　　唐贞观二年（628），唐太宗对侍臣说："凡事必须致力于根本。国家以人民为根本，人民以衣食为根本。凡经营衣食，以不失农时为根本。要不失农时，只有皇帝不苛烦百姓才能办到。如果战争不断，营建不停，而想不侵占农事，这办得到吗？"

　　王珪回答说："从前秦始皇、汉武帝对外大肆发动战争，对内则大修华丽宫室，人力都已耗尽，灾难便发生了。他们难道不想安定人民吗？根本在于失掉了用来安定人民的办法。隋朝灭亡的教训，我们应该引以为戒。现在陛下亲身感受到了隋朝的弊病，也知道用什么办法去改变。然而，事情往往开始做起来很容易，可要坚持到底就困难多了。但愿陛下能从始至终都小心谨慎，只有这样才能达到美好的境地。"

　　太宗说："你说得很对，要想使人民和国家安宁，难在国君。国君没有什么贪求，顺应自然，人民就会安居乐业；国君的欲望太多，人民就会受苦。这就是我之所以抑情少欲，约束并勉励自己的原因！"

　　唐太宗曾目睹了隋末的农民大起义和隋朝由盛转

衰、迅即灭亡的经过，这幅触目惊心的历史画卷给他留下了深刻的印象。所以，他经常以隋亡为鉴，检点自己的言行。

贞观六年（632），太宗与群臣谈论治国之道。太宗问："隋朝灭亡的原因是什么？"魏徵回答说："失去民心。"太宗又问："人民和皇帝应当是什么关系？"魏徵说："皇帝就像一只漂亮的大船，人民就是汪洋大水，大船只有在水中才能乘风前进；但是，水能载舟，同时也能将船弄翻。太上皇（李渊）举义旗推翻隋朝统治就说明了这一点。所以，怨恨不在于大小，可怕的只在人心背离。作为君王要时刻记住水能载舟，亦能覆舟。"唐太宗对这一观点十分欣赏，他在《论政体》一文中说："君，舟也；人，水也；水能载舟，亦能覆舟。"

还有一次，房玄龄向太宗建议说："近来清查兵器，发现我们现有的兵器比隋朝还少，可以考虑增加一些。"不料太宗却回答道："增加兵器来防御外敌固然很重要，不过，目前最要紧的是安抚民心，稳定人心。隋炀帝的灭亡，并不是因为兵器不足，而是无视民心向背，以致民怨沸腾，国亡政息。我们要以隋亡为教训，不可随便忘记。"可见，唐太宗是真正了解了"水能载舟，亦能覆舟"的道理。

　　玄奘法师，俗名陈祎，河南陈留人。他的父亲陈慧是个很有学问的人，玄奘从小就在父亲的指导下，读了许多书，并养成了广泛研究学问的好习惯。那时候佛教很兴盛，所以十三岁那年，玄奘就在洛阳净土寺出了家，开始真正研究佛学。后来他到处拜师学习，逐渐精通佛教经典，被尊称为三藏法师（三藏是佛教经典的总称）。他来到长安，结识了法常、僧辩两位老和尚。玄奘与他们一起钻研佛经，发现原来翻译过来的佛经错误很多，又听说天竺有很多佛经，就决定到印度去学习。他约了几个同伴，上书给唐朝皇帝李世民，可是朝廷官吏把奏章压了下来。他们等了好久，也不见回音，同伴都要退却了，玄奘的决心并没有打消。他抓紧时间，找在长安的西域人和印度人学习语言，等待机会。

　　公元 629 年，玄奘从长安出发，到了凉州（今甘肃武威）。当时，朝廷禁止唐人出境，他在凉州被边境士兵发现了，边境士兵叫他回长安去。他想方设法逃过了边防关卡，向西来到玉门关附近的瓜州（今甘肃安西）。

　　瓜州的长官独孤达信仰佛教，对玄奘很优待。当玄奘向他打听西行路线时，他却摇了摇头说："法师，这比登天还难，到玉门关外有五座堡垒，每座堡垒之间相隔一百里，中间没有水草，只有堡垒旁有水源，并且由士兵把守。"这时候，凉州的官员已经发现他偷越边防，发出公文到瓜州通缉他。如果经过堡垒，一定会被士兵捉住。玄奘正在束手无策的时候，碰到了当地一个胡人，名叫石槃陀，也信仰佛教，他说愿意受戒给玄奘做徒弟，护送师父过五座堡垒。玄奘喜出望外，变卖了衣服，换了两匹马，连夜跟石槃陀出发，好不容易混出了玉门关。他们在草丛里睡了一觉，准备继续西进。哪儿想到石槃陀走了一程，就不想再走了。石槃陀说："往前走太危险了，路上没有水源，只有堡垒附近才有，可是堡垒防守严密，万一被发现，我们的命就没了，不如回去吧！"玄奘一听，对他说："你要回去，我不阻拦你，我虽然单人匹马，但还是要向西行。"石槃陀说："师父要是被抓住了，可别供出我，我家中还有妻儿老小。"于是玄奘就把他打发走了。

打那以后，玄奘单人匹马在沙漠中前进。走了八十多里，才到了第一堡边。他怕被守兵发现，白天躲在沙沟里，等天黑了才走近堡垒前的水源。有天，他正想用皮袋盛水，忽然一支箭射来，几乎射中他的膝盖。玄奘知道躲不过，索性朝着堡垒喊道："我是长安来的和尚，你们别射箭！"堡中的人停止了射箭，打开堡门，把玄奘带进堡垒。幸好守堡的校尉王祥也是信仰佛教的，问清楚玄奘的来历后，不但不为难他，还派人帮他盛水，送了一些饼，亲自把他送到十几里外，指引他一条通向第四堡的小道。

第四堡的校尉是王祥的同族兄弟，听说玄奘是王祥那里来的，也很热情地接待了他，并且告诉他，第五堡的守兵十分凶暴，叫他绕过第五堡，到野马泉去取水，再往西走，就是一片长八百里的大沙漠了。

玄奘离开第四堡，又走了一百多里，却迷了路，没有找到野马泉。他正要拿起携带的水袋喝水，哪知一失手，一皮袋的水都泼翻在了沙土上。没有水，怎么越过沙漠呢？玄奘想折回第四堡去取水，走了十几里，忽然想起临走的时候，他曾经立下誓言，不到达目的地，决不后退一步。现在怎么能遇到困难就后退呢？想到这里，他拨转马头，继续朝西前进。

大沙漠里一片茫茫，上不见飞鸟，下不见走兽，有时一阵旋风，卷起满天沙土，像暴雨一样落下来。玄奘在沙漠里接连走了四夜五天，没有一点水喝，口渴得像火烧一样，终于支撑不住昏倒在沙漠上。到了第五天半夜，天边起了凉风，把玄奘吹得清醒过来。他站起来，牵着马又走了十几里，发现了一片草地和一个池塘。有了水草，人和马才摆脱绝境。又走了两天，终于走出了大沙漠，到了伊吾国（今新疆哈密）。玄奘见到一座寺院，就上前敲门求宿。寺里有个中国籍老和尚，听说来了个大唐法师，光着脚跑过来，抱着玄奘欢喜地哭了，说道："我做梦也想不到，在这能见到故乡的人！"伊吾国的西边是高昌国（今新疆吐鲁番东）。高昌国王麴文泰也是佛教徒，听说玄奘是大唐来的高僧，十分敬重，请他讲经，还恳切地要他在高昌留下来。玄奘坚持不肯。麴文泰便生气地说："现在有两条路摆在你面前：一条是留在这里，另一条是送你回国。"玄奘回答说："大王只能留下我的身体，但留不住我的精神和意志。"麴文泰看威胁不行，便想用情感来打动他。当玄奘吃饭的时候，他就自捧杯盘，殷勤侍候。玄奘就用绝食表示抗议。没法挽留，麴文泰只好赔礼认错："想不到法师这样坚决，真叫人难过！这样吧，请您在这里讲经一个月，并和我结成异姓兄弟，我就送你动身。"一个月后，麴文泰给玄奘准备好行装，派了二十五人，随带三十匹马护送，还写信给沿路二十四国的国王，请他们保护玄奘过境。

玄奘带领人马，越过雪山冰河，躲过暴风雪崩，经历了千辛万苦，终于到达了碎叶城（在今吉尔吉斯斯坦北部托克马克附近），受到西突厥可汗的接待。打那以后，一路顺利，通过西域各国进入印度。印度是佛教的发源地，有很多佛教古迹。玄奘在印度游历各地，朝拜圣迹，向高僧学经。有一次，他在乘船渡过恒河的时候，碰到一群强盗。他们迷信妖神，每年秋天都要杀人祭神。船中的强盗看中了玄奘，要把他杀了祭神，玄奘再三向他们解释也没有用，只好闭着眼睛念起经来。说也凑巧，这时正好起了一阵狂风，河里浊浪汹涌，差一点打翻了船。强盗害怕起来，赶快跪下忏悔，把玄奘放了。

　　印度摩揭陀国有一座古老的大寺院，叫做那烂陀寺。寺里有个戒贤法师，是天竺的大学者。玄奘来到那烂陀寺，跟着戒贤法师学了五年，把那里的经全部学会了。摩揭陀国的戒日王是个笃信佛教的国王，听到玄奘的名声，在他的国都曲女城（今印度北方邦境内卡瑙季）为玄奘开了一个隆重的讲学大会。天竺十八个国的国王和三千多高僧到会。戒日王请玄奘在会上讲学，还让大家辩论。大会开了十八天，大家对玄奘的精彩演讲十分佩服，没有一个人提出不同的意见。最后，戒日王派人举起玄奘的袈裟，宣布讲学成功。

　　玄奘的游历，不但在佛学上取得很大成功，而且促进了东西方的文化交流。公元645年，他带了六百多部佛经，回到了阔别多年的长安。玄奘百折不挠的取经事迹，轰动了长安人民。正在洛阳的唐太宗，对玄奘的壮举十分赞赏，在洛阳行宫接见了他。玄奘把他游历西域的经历向太宗作了详细的汇报。

　　在这以后，玄奘就定居下来，专心翻译从天竺带回来的佛经。他还和他的弟子一起，编写了一本《大唐西域记》。在这本书里，他把亲自到过的一百一十个国家和听到过的二十八个国家的地理情况、风俗习惯记录了下来。该书成为重要的历史和地理著作。

　　唐麟德元年（664），这位毕生致力于中印文化交流的三藏法师在玉华寺逝世。

鉴真东渡

鉴真俗姓淳于，十四岁时在扬州出家，二十岁起就到洛阳、长安游学。在名师的熏陶下，勤奋好学的鉴真很快学成，成为江淮地区有名的高僧。他的弟子中有三十多人在当时就很有名气，他还建造了许多寺院和佛塔，声名远扬。当时，日本佛教戒律不完备，僧人不能按照律仪受戒。日本僧人荣睿、普照随遣唐使入唐，想邀请高僧去日本传授戒律。访求了十年，他们决定邀请鉴真。唐天宝元年（742），鉴真不顾弟子们劝阻，毅然应请，决心东渡。

鉴真前后六次东渡日本，遇到许多挫折。第一次东渡前，将和鉴真同行的徒弟跟高丽僧人如海开玩笑，结果如海恼羞成怒，诬告鉴真一行造船是为了与海盗勾结。地方官员闻讯大惊，派人拘禁了所有僧众。因此鉴真首次东渡未能成行。

其后接连失败，第五次东渡最为悲壮。那一年鉴真已经六十岁了。船队从扬州出发，刚过狼山（今江苏南通）附近，就遇到了狂风暴雨，只得在一个小岛避风。一个月后再次起航，走到舟山群岛时，又遇大浪。第三次起航时，风浪更大，船向南漂流了十四天，船上的人全靠吃生米、饮海水度日，最后在海南岛南部靠了岸。归途中，日本僧人荣睿不幸患上重病，不治身亡。鉴真悲痛万分，他的得意弟子祥彦又病死于船上。鉴真因长途跋涉，过度操劳，自己也不幸身染重病，双目失明。

鉴真最后一次东渡也并非一帆风顺。正当船队扬帆起航时，一只野鸡忽然落在一艘船的船头。鉴真认为江滩芦苇丛生，船队惊飞野鸡不足为怪。日本遣唐使却将此视为凶兆，于是船队调头返回，第二天才重新起航。天宝十二年（753）十一月，鉴真历尽艰险终于到达日本。鉴真到达日本后，受到了孝谦天皇和圣武太上皇的隆重礼遇，重臣藤原仲麻吕亲自在河内府迎接。

根据圣武和孝谦的意愿，鉴真作为律宗高僧，应该负起规范日本僧众的责任，杜绝当时日本社会中普遍存在的托庇佛门以逃避劳役赋税的现象。因此，孝谦下旨："自今以后，传授戒律，一任和尚。"但是，这引起了日本本国"自誓受戒"派的反对，尤其是兴化寺的贤璟等人的激烈反对。于是，鉴真决定与其在兴福寺公开辩论。在辩论中，鉴真让步，承认"自誓受戒"仍可存在，但是作为正式认可的具足戒必须要有三师七证。贤璟等人皆被折服，舍弃旧戒。于是鉴真在东大寺中起坛，为圣武、光明皇太后以及孝谦以下皇族和僧侣约五百人受戒。被封为"大僧都"的鉴真，统领日本所有僧尼，在日本建立了正规的戒律制度。

鉴真留居日本十年，辛勤不懈地传播唐朝的文化成就。他带去了大量书籍文物，同去的人有懂艺术的，有懂医学的，他们也把自己所学用于日本。鉴真根据中国唐代寺院建筑的样式，为日本精心设计了唐招提寺。两年后，唐招提寺建成，这是日本著名的佛教建筑。鉴真讲授佛学理论，传播博大精深的中国文化，促进了日本佛学、医学、建筑和雕塑水平的提高，受到中日人民和佛学界的尊敬与爱戴。

唯一女皇武则天

　　武则天，名武曌，祖籍并州文水，生于长安，中国历史上唯一的女皇帝。唐朝功臣武士彟次女，母亲杨氏。十四岁入宫为唐太宗的才人，唐太宗赐号"武媚"。当时在太宗的御厩里，有匹名马，叫狮子骢，长得肥壮可爱，但是性格暴躁，不好驾驭。唐太宗带着宫妃们去看那匹马，开玩笑地说："你们当中有谁能制服它？"妃子们不敢接嘴，十四岁的武则天勇敢地站了出来，说："陛下，我能！"太宗惊奇地看着她，问她有什么办法。武则天说："只要给我三件东西：第一件是铁鞭，第二件是铁锤，第三件是匕首。它要是调皮，就用鞭子抽它；还不服，用铁锤敲它的头；如果再不驯服，就用匕首砍断它的脖子。"唐太宗听了大笑，很欣赏她的泼辣性格。

　　贞观十七年（643），太子李承乾被废，晋王李治被立为太子。

　　贞观二十三年（649），唐太宗逝世，武才人依唐后宫之例，入感业寺削发为尼。永徽元年（650）五月，唐高宗在太宗周年忌日入感业寺进香，与武氏相遇。这时，无子而失宠的王皇后看在眼里，主动向高宗请求将武氏纳入宫中，企图以此打击她的情敌萧淑妃。唐高宗早有此意，当即应允。永徽二年（651）五月，唐高宗孝服已满，武氏再度入宫。次年五月，被封为二品昭仪。

唐高宗想废了王皇后，立武则天为后。这件事遭到很多老臣的反对，特别是高宗的舅父长孙无忌。武则天私下拉拢一批大臣，在高宗面前支持武则天当皇后。唐高宗这才下定决心，把王皇后废了。武则天当了皇后以后，就使出她那果断泼辣的手段，把那些反对她的老臣一个个降职、流放，连长孙无忌也被逼自杀。

武则天登上后位，为巩固自身地位，在得不到旧士族支持的情况下，只能选择通过笼络庶族来获得支持。于是她采纳了许敬宗等人的意见，以高宗的名义改《氏族志》为《姓氏录》。武则天之父武士彠曾做过木材商，根本无资格跻身于《氏族志》中高门之列。《姓氏录》把武家列入第一等，共收二百三十五姓、二千二百八十七家。《姓氏录》以唐官品为标准，以五品为界。凡是五品以上官员，不管以前是否是士族，都写进《姓氏录》，而不到五品的官员，即便曾经是士族，也一概不写进去。这样就把大批地方大姓取消了，门阀士族的社会地位逐步和官品高低融为一体，直接打击了地方豪强望姓的政治势力，进一步打破了士族与庶族的界限，加速了门阀士族的衰落。

公元 683 年，唐高宗病亡。武则天先立儿子李显为帝，就是唐中宗。但中宗只是个傀儡，所有朝廷大事都由武则天说了算。中宗很不甘心，便自作主张，把皇后的父亲从小小的参军提升为刺史，并打算再把他提升为侍中。武则天对此十分愤怒，立刻把中宗贬为庐陵王，另立豫王李旦为帝，即唐睿宗。但只过了半年多，她又把睿宗李旦废了，改元为光

宅，亲自掌握朝政，并重用武氏家族的人。武则天随意废立皇帝，使李唐皇族人人自危，因此引起一些人公开反对她。

公元 684 年，徐敬业、骆宾王等人在扬州起兵，公开提出口号：推翻武太后专权，拥护李显复位。没几天就聚集了十万之众，攻占了润州（治所在今江苏镇江）、淮阴等地。为了号召全国响应，作为唐代著名文学家的骆宾王，还亲笔写了《讨武曌檄》。这篇檄文文采飞扬、脍炙人口，千百年来一直为人们所称颂。檄文将武则天责骂得非常厉害，但武则天看了以后反而赞不绝口。她不仅不生气，反而认为朝廷没能任用骆宾王，实在是"宰相之过"。

武则天派大将军李孝逸率领三十万大军，镇压徐敬业。此后又有唐宗室诸王起兵反对武则天，但也被武则天镇压了。接着，又有两个唐朝宗室——越王李贞和琅琊王李冲起兵反对武则天，也被武则天派兵镇压了。经过这两场小小的兵变，全国恢复了安宁，没有人再敢反对武则天。武则天巩固了她的统治，就不满足太后执政的地位了。

公元 690 年 9 月，武则天将国号改为周，自己加尊号"圣神皇帝"。就这样，她成了中国历史上唯一一位登上皇帝宝座的女性。

武则天称帝后，更重视人才的选拔和使用。为了广揽人才，她发展和完善了隋以来的科举制度，放手招贤，允许自举为官、试官，并设立员外官。此外，她还首创了殿试和武举制度，为更多更广地发现人才、搜罗人才创造了有利的条件。在抗击外来入侵，保护边境安宁，改善相邻各国的关系方面，武则天也做了很多努力。对吐蕃贵族的入侵和骚扰，武则天给予坚决的抵御和反击。长寿二年（692），她派大将王孝杰击败吐蕃，收复安西四镇，于龟兹复置安西都护府。之后，又在庭州设置北庭都护府，巩固西北边防，打通了一度中断的通向中亚地区的丝绸之路。在她当政的年代里，坚持边军屯田的政策，这对边区开发、减轻人民转输之劳，以及巩固边防都起着积极的作用。

　　当然，在武则天掌权近半个世纪的较长时期内，也有很多过失，如滥杀无辜，官僚机构膨胀等。但是，武则天作为一代女皇，其在历史上的地位与影响，自是无可估量的。

开元盛世

　　唐玄宗开元年间政局稳定，经济繁荣，文化昌盛，国力富强。唐玄宗是个励精图治的皇帝，颇思有所作为，能够任用贤能，进行改革，如任用宰相姚崇、宋璟、张九龄等。社会呈现前所未有的盛世景象，史称"开元盛世"。

　　姚崇任相后，为政勤勉，曾向玄宗面提十条建议，如以仁义治国，停息扩边战争，国亲不任宰相，大臣犯法与民同罪，除租税以外的其他进贡一律禁止，停止建造寺观宫殿，凡是臣下皆可直言进谏等。唐玄宗从谏如流。

　　姚崇的两个儿子在东都做官，他们了解姚崇曾有恩于黄门监魏知古，就想去开后门办事。魏知古把这件事报告了玄宗。过了几天，玄宗有意问姚崇："你儿子才能怎样，现在任什么官职？"

　　姚崇回答说："臣两个儿子在东都，他们办事不谨慎，欲望又多，肯定向魏知古提出了不该提的要求，我至今还来不及询问他们。"玄宗听后对姚崇赞许有加。

　　姚崇主持了开元初年蝗灾的治理工作。

开元三年（715），河北、山东一带发生了严重的蝗灾。农民以为是天灾降临，都在田头祭拜，不敢消灭蝗虫。姚崇奏请朝廷派出御史到州县督促捕捉蝗虫，加以掩埋。但是有人提出：蝗虫太多，无法消灭。姚崇说："现在蝗虫成灾，黄河南北的百姓都逃光了，怎么能够眼睁睁地看着蝗虫将禾苗啃个精光呢！假使除之不尽，就像是将蝗虫养起来造成灾害一样。"

有大臣说："捕杀蝗虫太多，恐怕要伤和气。"

姚崇说："从前楚王吃腌菜连菜中的蚂蟥也吞吃了，不处分厨师，却医好了病；孙叔敖捕杀了毒蛇，反而因此得福。我们为什么不忍心捕杀蝗虫，却眼睁睁地看着老百姓都饿死呢？假使捕杀蝗虫有祸，就降灾给我姚崇吧。"

第二年，山东蝗灾依然非常严重，姚崇又下令捕杀。汴州刺史倪若水反对说："蝗虫是天灾，非人力所能消灭，应该积德修行来祈求，否则越捕越多。"姚崇给倪若水写去一封信严加责备。倪若水才不得不照办。后来，姚崇奏请朝廷特派使者检查各州县捕杀蝗虫的情况，指名道姓通报各地。因此，开元年间虽然连年蝗灾，却未造成饥荒。姚崇为此功劳很大，被誉为"救时宰相"。

宋璟担任宰相时，非常重视人才，也敢于当面向皇上提意见，即使触怒皇帝也无所畏惧。玄宗一方面非常敬重他，一方面也有些怕他。

宋璟

唐太宗贞观年间，宰相和三品官向皇帝奏事，都有谏官、史官跟随，有错失当场纠正，好事坏事都记录下来，丝毫不能马虎。所以，那时高官既不能要挟皇帝，小臣也不能进谗作恶。高宗、武后执政以后，这个制度渐渐废除了。其间有一段时间甚至进谗、诬告成风，酷吏当道。宋璟当宰相后，又恢复了这个制度。规定：不是机密的事，都要当殿奏闻，史官依法记录，杜绝了进谗之途。因为宋璟在广州做过官，广州的地方官和老百姓要给宋璟树一块"遗爱碑"。宋璟奏告玄宗说："我在广州并无特殊的功绩，现在因为受皇上的恩宠，所以我就变成了他们奉承的对象，要给我建什么'遗爱碑'。我以为这种风气必须革除，就从我开始，请陛下下旨加以禁止。"从此，其他地方都不敢再做这种事，堵截了这股歪风。

史书记载：姚崇、宋璟相继担任宰相，姚崇善于随机应变，完成任务；宋璟奉公守法，按规矩办事。这两个人的志向品行不一样，但是都能够同心协力，辅佐皇帝，使得赋役宽平，执法公正，百姓富庶。

张九龄是广东人，广东属于岭南地区，是古代犯人流放之地。张九龄凭借自己出众的才华获得了玄宗的青睐。在吏部参与选拔官吏时，他主张公正选才，量才使用。同时对于玄宗的过错，他也及时地指出，加以劝谏。

唐玄宗不仅慧眼识贤相，还对吏治进行了整治，提高了官僚机构的办事效率。他精简机构，裁减多余官员，不仅提高了效率，也节省了政府支出。

为了重新统一北方，唐玄宗主要对兵制进行了改革。原来的府兵制由于均田制的破坏，致使农民逃亡，影响了军队的兵源。高宗和武则天时期，对于军事不太重视，到了唐玄宗做皇帝时，士兵逃跑现象极为严重，军队战斗力也很低，无法和强悍的突厥军队抗衡。

开元十一年（723），唐玄宗接受了宰相张说的改革主张，建立雇佣兵。从关内招募军士十二万人，充当卫士，这就是"长从宿卫"，也叫做"长征健儿"。这次改革是从府兵制到雇佣兵制的转变。此后经过十多年的努力，玄宗将这种制度推广到全国。这种制度废除了府兵轮番到边境守卫的做法，解除了各地人到边境守卫之苦，同时也为集中训练、提高士兵战斗力提供了保证。

开元年间，玄宗力行节俭，规定三品以下官员以及内宫后妃以下者，不得佩戴金玉，并且遣散宫女，以节省开支。他又下令全国各地均不得开采珠玉及制造锦绣，一改武则天以来后宫的奢靡之风。

唐玄宗一系列有效治国措施使唐朝的政治、经济、文化得到长足发展，开创了中国历史上的开元盛世。

安史之乱

开元之治晚期，承平日久，国家无事，唐玄宗丧失了向上求治的精神。改元天宝后，政治愈加腐败，玄宗耽于享乐，宠幸杨贵妃，任用奸臣李林甫、杨国忠。李林甫口蜜腹剑，凭着玄宗的信任，专权用事达十九年之久，他杜绝言路，排斥忠良。杨国忠因杨贵妃得到宠幸，继李林甫之后出任宰相，只知搜刮民财，以致群小当道，国事日非，让安禄山有了可乘之机。

天宝十四年（755）十一月初九，身兼范阳、平卢、河东三地节度使的安禄山趁唐朝内部空虚腐败，联合北方少数民族组成共十五万士兵，号称二十万，以忧国之危、奉密诏讨伐杨国忠为借口在范阳起兵。当时民疏于战，河北州县立即望风瓦解，当地县令或逃或降。短时间内，安禄山就控制了河北大部分郡县，河南部分郡县也望风归降。

唐玄宗得知安禄山反叛的消息，震怒不已。他立即任命安西节度使封常清兼任范阳、平卢节度使，防守洛阳，接着任命他的第六子荣王李琬为元帅、右金吾大将军高仙芝为副元帅东征。

十一月十五日，唐玄宗派毕思琛往东都洛阳募兵防守。安禄山的大军虽然遇到阻碍，仍于同年十二月十二日攻入洛阳。东京留守李憕和御史中丞卢奕不肯投降，被俘后为安禄山所杀，河南尹达奚珣投降。退守潼关的安西节度使封常清、高仙芝采用守势，坚守潼关不出。唐玄宗听信监军宦官的诬告，以失律丧师之罪处斩了封常清、高仙芝。天宝十五年（756）正月初一，安禄山在洛阳称大燕皇帝，改元圣武。

　　天宝十四年（755）十二月，唐玄宗起用病废在家的陇右节度使哥舒翰为兵马副元帅，令其率军二十万镇守潼关。潼关地形险要，易守难攻。哥舒翰进驻潼关后，立即加固城防，深沟高垒，闭关固守。天宝十五年（756）正月，安禄山命其子安庆绪率兵攻打潼关，被哥舒翰击退。安军主力被阻于潼关数月，不能西进。安禄山见强攻不行，便命崔乾佑将老弱病残的士卒屯于陕郡，将精锐部队隐藏起来，想诱使哥舒翰弃险出战。五月，唐玄宗接到叛将崔乾佑在陕郡"兵不满四千，皆羸弱无备"的情报，遂遣使令哥舒翰出兵收复陕洛。哥舒翰立即上书玄宗，认为：安禄山久习用兵，今起兵叛乱，不会不作准备，一定是用羸师弱卒来引诱我们，如若进兵，正好中计。况且叛军劳师远征，利在速。官军凭借潼关天险抵挡他们，利在坚守。且叛军暴虐无道，失去民心，日渐衰颓，很快就要发生内乱，到那时再攻打他便可不战而擒。与此同时，郭子仪、李光弼在河北攻打叛将史思明，进展十分顺利。他们二人也认为潼关只宜坚守，不可轻出。二人主张引朔方军北取范阳，直抵叛军巢穴，促使叛军内部溃散。但是，宰相杨国忠却怀疑哥舒翰意在谋己，便对唐玄宗说，哥舒翰按兵不动，会坐失良机。玄宗轻信谗言，对郭、李良谋置之不理，连续派遣中使催促哥舒翰出战。哥舒翰被逼无奈，抚膺恸哭。

　　哥舒翰被迫于六月初四领兵出关；初七，在灵宝西原与崔乾佑部相遇。灵宝南面靠山，北临黄河，中间是一条七十里长的狭窄山道。崔乾佑预先把精兵埋伏在南面山上，于初八领兵与唐军决战。唐军以王思礼等率精兵五万在前，庞忠等率十万大军继后，另派三万人在黄河北岸高处击鼓助攻。两军相交，唐军见叛军阵势不整，偃旗欲逃，便长驱直进，结果被诱进隘路。叛军伏兵突起，从山上投下滚木礌石，唐军士卒拥挤于隘道，难以展开，死伤甚众。哥舒翰急令毡车在前面冲击，企图打开一条出路，但被叛军用焚烧的草车堵塞，不得前进。唐军大败。唐军将近二十万军队，逃回潼关的只有八千余人。初九，崔乾佑攻占潼关。哥舒翰撤到关西驿，张贴榜文招揽失散的兵卒，想要继续把守潼关。吐蕃将领火拔归仁带着一百余骑兵包围驿站，对哥舒翰说："贼兵来了，请元帅上马。"哥舒翰走出驿站上马，火拔归仁及众将说："元帅拥有二十万兵马，一场战斗就把他们都抛弃了，有何脸面再见天子？且元帅没有见到高仙芝和封常清的遭遇吗？请元帅投降安禄山！"哥舒翰不从，火拔归仁就把他的腿绑到马肚子上，连同其他早有二心的将领一起投降了安禄山。

此时，唐玄宗等人逃到了马嵬坡，途中将士饥疲，六军愤怒，陈玄礼及韦谔请求玄宗杀死杨贵妃，以息民怨。玄宗忍痛命令高力士在佛堂缢死杨贵妃。此后，玄宗入蜀，太子李亨及其子李俶、李倓北上灵武（今宁夏灵武市区）。长安失陷，君储逃亡，安史之乱进入最高峰。

太子李亨于公元756年在灵武为朔方诸将所推，自行登基。遥奉玄宗为太上皇，改元至德，是为唐肃宗。郭子仪被封为兵部尚书、同中书门下平章事（宰相），仍兼充朔方节度使；李光弼被封为户部尚书、同中书门下平章事，二人奉诏讨伐叛军。次年，郭子仪上表推荐李光弼担任河东节度使，联合李光弼分兵进军河北，会师常山（今河北石家庄正定），击败安禄山部将史思明，收复河北一带。

唐至德二年（757），唐河南节度副使张巡等率军民坚守睢阳，抗击、牵制安禄山叛军，史称"睢阳之战"。

睢阳之战以寡不敌众，城池攻破，张巡及其部将三十六人遭遇杀害而告终。张巡、许远坚守睢阳，兵力最多时也不满七千人，前后四百余战，歼灭叛军十二万人。睢阳坚守十月之久，在此期间，朝廷不断得到江淮财赋的接济，已完成了恢复、准备到反攻的过程。唐朝天下得以保全，全仗睢阳十月苦守。

与此同时，叛军内部发生了严重的分歧，安禄山为其子安庆绪所杀，安庆绪为史思明所杀，史思明为其子史朝义所杀。公元 763 年，史朝义自尽。历时七年之久的安史之乱结束。

耶律阿保机，契丹迭剌部霞濑益石烈乡耶律弥里人。姓耶律氏，名阿保机，小字啜里只。唐咸通十三年（872）出生于迭剌部的显贵家族，地位仅次于联盟首领。高祖耶律耨里思、曾祖耶律萨剌德、祖父耶律匀德实、父耶律撒剌的世为遥辇氏部落联盟的夷离堇（官名，军事首领），执掌军事。

在他出生时，契丹的贵族阶层正在为争夺联盟首领之位打得不可开交。阿保机的祖父匀德实在残酷的政治斗争中被杀，父亲和叔伯们也逃离出去，躲了起来。祖母非常喜爱阿保机，担心他被仇人加害，常将他藏在别处的帐内。阿保机自幼聪敏，才智过人；长大成人后，身体魁梧健壮，胸怀大志，武功高强。当时正值耶律阿保机的伯父释鲁掌权，阿保机深受信任，任挞马狨沙里（扈卫官），组建侍卫亲军。凭借这支精锐武装，阿保机迅速崛起。当时小黄室韦不愿归附，阿保机用计招降了他。后来又相继击破越兀、乌古、六奚诸部，被国人誉为"阿主沙里"（沙里，契丹语"郎君"）。唐昭宗天复元年（901），阿保机任本部夷离堇，专事征伐，大破室韦、于厥及奚，进大迭烈府夷离堇。次年，领兵四十万南下，讨河东、代北，攻克九郡。天复三年（903），北攻女直，南取河东怀远军，掠地蓟北。升于越，总知军国事，成为部落联盟的实际操纵者。905年，唐朝垂亡，他应晋王李克用之邀到云州相会，结为兄弟，约定共同讨伐梁王朱温和卢龙军节度使刘仁恭，但终因无利可图而没有付诸行动。唐天祐三年（906）十二月，痕德堇可汗卒，遗命推选阿保机为可汗。按照传统，可汗之位要三年改选一次。阿保机的目标是像中原的皇帝一样建立终身制和世袭制，所以他在三年任满时不肯交出大权，凭借实力和威望继续坐在可汗的宝座上，向皇帝的目标努力。次年，阿保机废传统选汗制，在心腹支持下，燔柴告天，即皇帝位，上尊号天皇帝。

这就引起了本家族其他贵族的不满，阿保机本家族的兄弟们便首先起来反对他，由此发生了历史上的"诸弟之乱"，但均被阿保机一一摆平。

本部落的反对势力消除后，契丹其他七个部落的反对势力仍旧存在。他们以恢复旧的可汗选举制度为旗号，强迫阿保机退让可汗之位。阿保机只好先交出旗鼓，答应退位，然后以退为进，设下计谋。他对众人说："我在可汗之位九年，下属有很多汉人，我想自己统领一部治理汉城，可以吗？"众人都同意了。到了那里，阿保机率领汉人耕种，当地有盐铁，经济也很发达，阿保机采纳了妻子述律后的计策，派人转告诸部落的首领："我有盐池，经常供给各部落，但大家只知道吃盐方便，却不知盐池也有主人，你们应该来犒劳我和部下。"众人觉得有理，便带着牛肉和酒来了。阿保机埋下伏兵，等大家喝得烂醉时，将各部落的首领全部杀死。内外反对势力除掉之后，阿保机于公元916年称帝，正式建国，国号契丹，建元神册。

称帝之后，阿保机继续扩张领土。经过多年征战，耶律阿保机把北方各族统一在自己的政权统治之下，建立起幅员广阔的王朝。密切了北方各民族间的政治、经济和文化交流，推动了契丹及北方各民族的发展和进步，也为日后中国的统一奠定了基础。

柴荣是后周太祖圣穆皇后兄长柴守礼的儿子。当时姑父郭威家并不富裕，柴荣就经常帮姑父姑母料理家务。郭威看柴荣聪明伶俐，谦虚谨慎，将他收为养子。

郭威在混乱的战争时期投靠了后晋大将刘知远，并且因为帮助刘知远建立后汉政权而立下大功，被封为枢密副使，一跃成为后汉统兵大将。柴荣也因此得到左监门卫将军的头衔。这之后，柴荣随郭威东征西讨，屡立战功，在郭威心中的地位也越来越高。

刘知远是沙陀族人，只做了十个月皇帝就病死了，他的儿子刘承佑继位，即后汉隐帝。隐帝即位后，大臣专权，将相不和。隐帝密令杀死郭威，郭威愤而起兵，以清君侧为名杀向开封。柴荣受命留守邺都，主持邺都事务。郭威起兵成功，后周建立，柴荣以皇子的身份拜澶州刺史、检校太保、封太原郡侯。柴荣在澶州任内深受百姓拥护，后加封晋王并出任开封尹，判内外兵马事。

郭威在位约三年。他出身贫苦家庭，深知民间疾苦，即位后废除了一些苛捐杂税和残酷刑法，把无主荒地分给农民耕种，提倡节俭，严惩贪官，严禁军队扰民，使唐末以来极度混乱的北方社会逐渐安定。

公元 954 年，郭威病死。养子柴荣继承皇位，即周世宗。

柴荣办事谨慎，虚心求谏，从未因言论而杀一人。他曾极为诚恳地专门下诏要求群臣尽量上书言事，点名让二十多名翰林学士写两篇文章：《为君难为臣不易论》和《平边策》。在认真审读大臣的建议后，他欣然采纳了大臣王朴《平边策》中"先易后难"的主张，以此制定统一大计。

柴荣先后讨伐后蜀、南唐，并亲征对辽作战。四十二天之间，兵不血刃收复三州三关十七县，赢得了五代以来对辽作战最大的胜利。柴荣率领诸将，打算乘胜进军，一举收复幽州。可惜就在这紧要关头，他却突然患病，被迫班师还朝，不久病逝于开封。

柴荣给五代时饱受战争之苦的人们带来了黎明的曙光，他基本解决了自中唐以来近二百年藩镇割据的局面，结束了五代政权频繁交替的历史，为结束中国历史上最混乱的时代奠定了基础。继位之初，他曾立下了"十年平天下，十年休养生息，十年致太平"的中国历代最朴素的"皇帝梦"，可是历史没有给他三十年，而只给了他短短的五年零六个月。就在这短短的时间里，柴荣创造了光耀千古的伟大功绩，效率之高，功绩之大，在中华民族几千年帝王史上绝无仅有。

　　赵匡胤是北宋开国皇帝，他自幼丧母，家境贫寒。后汉初年，已经成年的赵匡胤漫游四方，后来他投奔后周的李守真，因勇猛善战，屡立战功，而不断升迁。

　　周世宗柴荣即位后，委任赵匡胤为典掌禁军。当时，北汉发兵进犯后周，双方在高平关展开大战。战斗刚刚开始，后周将领樊爱能等就临阵脱逃，形势非常危急。就在这时，赵匡胤率领将士杀入北汉军中，不慎被乱箭射伤。周世宗下令停止进攻，收兵回营。经过此次战斗，周世宗非常欣赏赵匡胤，提升他为殿前都虞候。自此以后，赵匡胤追随柴荣南征北战，立下赫赫战功。

　　南唐皇帝害怕赵匡胤，于是趁机离间赵匡胤与周世宗。他一面放出谣言说赵匡胤与南唐有联络，一面又派人送信给赵匡胤，并赠送三千两银子。赵匡胤将银两与信件全都交给周世宗，使谣言不攻自破。

　　959 年，周世宗在北征途中发现一个书袋，上面写着"点检做天子"。周世宗感到非常奇怪，于是下令回师。回来后，他立即撤了当时的殿前都点检张永德，提拔赵匡胤为殿前都点检。后来，周世宗突然病逝，七岁的柴宗训即位。这时的赵匡胤任殿前都点检、归德军节度使，与石守信、王审琦一起掌握了军权。

赵匡胤看到皇帝年幼无能，想取而代之。他的弟弟赵匡义以及谋士赵普看出了赵匡胤的心思，于是借助当时民间流传的"点检做天子"的流言，秘密策划，准备篡夺皇位。

公元960年正月初一，开封城内一片繁华热闹的景象。突然有消息说辽兵南下，小皇帝与宰相惊慌失措，急忙派遣赵匡胤前去抵御敌人。赵匡胤领旨，立即征调京城和各地兵马，在校兵场上点兵、训兵，两日后离开开封向东北进发，驻扎在陈桥驿。

士卒中有一个自称能掐会算的，他抬头看了看即将落山的太阳，大叫起来："快看啊，天上有两个太阳。"士卒们顺着他手指的方向看去，恍惚中似乎真的看到了两个太阳。而之前"点检做天子"的流言在军中越传越盛。赵普、赵匡义等人依计行事，拿出一件新做的龙袍，和众将士一起冲进赵匡胤的营帐。赵匡胤半推半就地穿上龙袍，看着倒地山呼"万岁"的众将士，嘴角露出了不易察觉的微笑。

赵匡胤当上皇帝之后，马上率领军队返回开封，并在军前约法三章：不得侵犯后周太后与小皇帝，不得侵凌后周公卿，不得侵掠百姓，违者军法处置。守城的大将石守信等人早已等候多时，军队一到，开门迎接。

赵匡胤兵不血刃地夺取了后周政权，以宋为国号，定都开封，建立了赵宋王朝。

　　建隆元年（960）末，宋太祖平定李筠及李重进叛乱后的一天，召见赵普，问道："为什么自唐末以来，数十年间帝王换了八姓十二君，争战无休无止？我想从此息兵，建立国家长久之计，有什么好的办法吗。"

　　赵普精通治道，对这些问题也早有所考虑，听了太祖的发问，他便说这个问题的症结，就在于藩镇太重，君弱臣强，治理的办法也没有奇巧可施，只要削夺其权，收其精兵，天下自然就安定了。赵普的话还没说完，宋太祖就连声说："你不用再说了，我全明白了。"

　　建隆二年（961），鉴于当时已控制局势，太祖就着手采取措施，把殿前都点检、镇宁军节度使慕容延钊罢为山南东道节度使，侍卫亲军都指挥使韩令坤罢为成德节度使。因为殿前都点检是宋太祖黄袍加身前担任过的职务，从此不再设置。由石守信接替韩令坤任侍卫马步军都指挥使。起初太祖认为石守信等人都是自己的故友，并不介意，赵普就向他进言说："臣也不担心他们会背叛陛下，但是如果他们的部下贪图富贵，万一有作孽之人拥戴他们，他们能够自主吗？"这些话实际上是提醒宋太祖，要他记住陈桥兵变的事件，避免类似的事件重演。

建隆二年（961）七月初九日晚朝时，宋太祖把石守信、高怀德等禁军高级将领留下来喝酒。酒兴正浓的时候，宋太祖突然屏退侍从，叹了一口气，说："我若不是靠你们出力，是到不了这个地位的，为此我从内心念及你们的功德。但做皇帝太艰难了，还不如做节度使快乐，我整晚整晚都不敢安枕而卧啊！"石守信等人惊骇地忙问缘故，宋太祖继续说："这不难知道，我这个皇帝位谁不想要呢？"

石守信等人听了，知道话中有话，连忙叩头说："陛下何出此言，现在天命已定，谁还敢有异心呢？"

宋太祖说："不然，你们虽然无异心，然而你们部下想要富贵，一旦把黄袍加在你的身上，你即使不想当皇帝，到时也身不由己了。"

这些将领知道自己已经受到猜疑，弄不好还会引来杀身之祸，一时惊恐无措，恳请宋太祖给他们指明一条生路。

宋太祖缓缓说道："人生在世，像白驹过隙那样短促，所以要得到富贵的人，不过是想多聚金钱，多多娱乐，使子孙后代免于贫乏而已。你们不如释去兵权，到地方去，多置良田美宅，为子孙立下永远不可动的产业。同时多买些歌妓舞女，日夜饮酒相欢，以终天年。朕同你们再结为儿女亲家，君臣之间，两无猜疑，上下相安，这样不是很好吗？"

石守信等人见宋太祖已把话讲得很明白，再无回旋余地。第二天，石守信、高怀德、王审琦、张令铎、赵彦徽等上表声称自己有病，纷纷要求解除兵权。宋太祖欣然同意，罢去他们禁军职务，到地方任节度使。在解除石守信等宿将的兵权后，太祖另选了一些资历浅、威望不高、容易控制的人担任禁军将领。这就是历史上著名的"杯酒释兵权"。

从公元 999 年开始，辽军陆续派兵在辽宋边境挑衅，掠夺财物，屠杀百姓，给边境地区的居民带来了巨大灾难。镇定高阳关守将傅潜紧闭城门不敢迎战。正在这时，朝廷下旨，让傅潜立即抗击辽军。傅潜不知如何是好，于是下令让副将范延召带兵一万出城迎敌。范延召回到本营，觉得傅潜不怀好意，但又没办法，只好向代州的康保裔求援。康保裔接到书信，立即出发，打算与范延召会合，不料道路被辽军封锁。康保裔便想绕到敌后，与范延召来个两面夹击，打辽军一个措手不及，反而被辽军重重包围。将士们劝康保裔突围回去，康保裔却说：“我只知前进，不知后退，这正是我们报效国家的时候。”说罢，就率军与辽军大战在一起。经过一天一夜的苦战，康保裔只剩下几百士兵了，且多半受伤，他自己也多处受伤，宋军救援仍未到。这时，辽军又冲了过来，康保裔连杀几个辽兵后，寡不敌众，被乱刀杀死。范延召赶到时，康保裔已全军覆没。辽军乘胜杀来，范延召抵挡不住，只好退到瀛洲西南，扼住要塞。

辽军又来攻打遂城，守将杨延昭马上召集士兵和百姓,对他们说:"大家齐心协力,共同抗击辽军,誓于遂城共存亡。"杨延昭把百姓分编到军队中,他自己也不敢懈怠,日夜巡逻。辽军几次攻城,始终攻打不下。

宋真宗御驾亲征来到这里,奖赏了杨延昭,追封了康保裔,处罚了傅潜。

第二年,辽军又来进攻,杨延昭在羊山安排精兵,亲自带老弱士兵迎敌,且战且退,把辽军引进包围圈。宋军从四面八方席卷杀来,辽军方知中计,杨延昭又引兵返回,杀得天昏地暗。辽军全军覆没。

1004 年,辽萧太后与辽圣宗耶律隆绪以收复瓦桥关为名,亲率大军深入宋境。萧挞凛攻破遂城,生俘宋将王先知,力攻定州,俘虏云州观察使王继忠。

告急文书像雪片一样飞到朝廷。宋廷朝野震动,真宗畏敌,欲迁都南逃,宋朝大臣王钦若主张迁都升州,陈尧叟主张迁都益州。宋真宗听了这些意见,犹豫不决,最后召见新任宰相寇准,问他说:"有人劝我迁都金陵,有人劝我迁都成都,你看该怎么办才好?"寇准一看两边站着的王钦若和陈尧叟,心里早有了数。他声色俱厉地说:"这是谁出的好主意?出这种主意的,应该先斩了他们的头!"他认为只要真宗亲自带兵出征,鼓舞士气,一定能打退辽兵。并且说,如果放弃东京南逃,人心动摇,敌人就会乘虚而入,国家就保不住了。宋真宗听了寇准一番话,也壮了胆,决定亲自率兵出征,由寇准随同指挥。这时寇准重用的将领是在历次抗辽战斗中屡立战功的杨延昭等人。

大队人马刚刚到韦城,听到南下辽军兵势强大,一些随从大臣吓坏了,趁寇准不在的时候,又在真宗身边唠叨,劝真宗暂时退兵,避一避辽军锐气。宋真宗本来就犹豫不决,一听到这些意见,又动摇起来,便立刻召见寇准。

宋真宗对寇准说："大家都说往南方跑好，你看呢？"

寇准严肃地说："主张南逃的都是懦弱无知的人。现在敌人迫近，人心动荡。我们只能前进一尺，不可后退一寸。如果前进，河北各军士气旺盛；如果后退，那么全军瓦解，敌人紧紧追赶。陛下就是想到金陵也去不成了。"

宋真宗见寇准说得义正词严，无话可说，但是心里还是七上八下，拿不定主意。

寇准走出行营，正好碰到殿前都指挥使高琼。寇准冲着高琼说："你是国家重臣，该怎么报效国家？"高琼说："我愿以死报效国家。"

寇准就带着高琼进了行营，重新把自己的意见向宋真宗说了一遍，并且说："陛下如果认为我的话不对，请问问高琼。"

高琼在旁边接着说："寇宰相说的话是对的。禁军将士家属在东京，都不愿南逃。只要陛下亲征澶州，我们决心死战，击败辽兵不在话下。"

宋真宗还没开口，寇准紧接着又逼了一句："机不可失，请陛下立刻动身！"

在寇准、高琼和将士们的催促下，宋真宗才决定动身到澶州去。

这时候，辽军已经三面围住了澶州。宋军在要害的地方设下弩箭。辽军主将萧挞凛带了几个骑兵视察地形，正好进入宋军张环的伏弩阵地，张环下令弩箭齐发，萧挞凛中箭丧命，辽军慌忙退却。

当时，魏能和杨延昭坚守梁门和遂城，辽军几番攻打，都不奏效。

辽军主将一死，战局毫无进展，萧太后又痛惜又害怕。她听说宋真宗亲自率兵抵抗，觉得宋朝不是想象中的那么不堪一击，就有心讲和。

澶州城横跨黄河两岸，宋真宗在寇准、高琼等文武大臣的护卫下，渡过黄河，到了澶州北城。这时候，各路宋军也已经集中到澶州，将士们看到宋真宗的黄龙大旗，士气高涨。

萧太后派使者到了宋朝行营议和，要宋朝割让土地。宋真宗听到辽朝肯议和，正合他的心意。他找寇准商量说："割让土地是不行的。如果辽人要点金银财帛，我看可以答应他们。"

寇准根本反对议和，说："他们要和，就要他们归还燕云失地，哪能再给他们钱财。"

但是，宋真宗一心要和，不顾寇准的反对，派使者曹利用到辽营就议和条件谈判。曹利用临走的时候，宋真宗叮嘱他说："如果他们要赔款，迫不得已，就是每年一百万也答应他。"

寇准在旁边听了很痛心，只是当着真宗的面不便再争。曹利用离开行营时，寇准紧紧跟在后面，一出门，他一把抓住曹利用的手说："赔款数目不能超过三十万，否则回来的时候，我要你的脑袋！"

曹利用知道寇准的厉害，到了辽营，经过一番讨价还价，最后定下来，由宋朝每年给辽朝银绢三十万。曹利用回到行营，宋真宗正在吃饭，不能马上接见。真宗急着想知道谈判结果，就叫小太监出来问曹利用到底答应了多少。曹利用觉得这是国家机密，一定要面奏。太监要他说个大概，曹利用没法，只好伸出三个指头。

太监向真宗回报，宋真宗以为曹利用答应的赔款数目是三百万，不禁惊叫起来："这么多！"他略略想了一下，又轻松起来，说："能够了结一件大事，也就算了。"

他吃完饭，就让曹利用进来详细汇报。当曹利用说出答应的银绢数目是三十万的时候，宋真宗高兴得简直要跳起来，直称赞曹利用办事能干。

接着宋辽双方正式达成和议，宋朝每年给辽朝绢二十万匹，银十万两。历史上把这次和议称为"澶渊之盟"。

　　宋景德元年（1004），李元昊出生在灵州（今宁夏境内）一个党项贵族之家。祖父李继迁，出任定难军管内都知蕃落使，不断攻掠宋边境，击败宋军屡次征讨后，又把攻掠的目标转向西部的回鹘和吐蕃部落，为党项国家的建立奠定了基础。父亲李德明对外和睦宋朝，对内完成了党项立国前的各项准备工作。元昊在先人事业的基础上完成了党项国家的创建。

　　少年李元昊，中等身材，却显得魁梧雄壮，英气逼人。平素喜穿白色长袖衣，头戴黑色冠帽，身佩弓矢。常常带百余骑兵出行，自乘骏马，前有两名旗手开道，后有侍卫步卒张青色伞盖相随。李元昊幼读兵书，对当时流行的兵书手不释卷，专心研读。他颇具文才，精通汉、藏语言文字，又懂佛学，尤其倾心于治国安邦的法律著作，善于思索、谋划，对事物往往有独到的见解。

　　李元昊逐渐长大成人，对父亲的和宋政策，特别是向宋称臣日益不满，多次规劝父亲不要再臣服宋朝。每到这时，李德明都不正面作答，只以言语相激："我们的士兵一直征战都很疲惫了，我们的民族三十年锦衣玉食，这是大宋的恩德，不可以辜负！"元昊反驳父亲道："大丈夫英雄一生，应该称王称霸，为什么要做宋朝的奴仆？"

1010年9月，李德明被辽封为夏国王。此后，动用数万民夫在延州西北的敖子山上修建宫室，绵亘二十余里，极其豪华壮丽。有一次他从夏州出巡到敖子山行宫时，仪仗俨然和宋朝皇帝相仿。

元昊二十四岁时，在奉父命率师取得了对河西回鹘作战的决定性胜利后，被立为太子，同时他的生母卫慕氏被立为后。第二年，德明又为元昊向辽请婚，辽兴宗封宗室女为兴平公主，嫁给李元昊。同时宋也封德明为夏王，"车服旌旗，降天子一等"，以此来抵消辽同德明建立的姻亲关系。五十一岁的李德明在完成了建国称帝的各项准备工作之后去世。李德明虽然没有来得及登上皇帝的宝座，却为李元昊称帝建国奠定了坚实的基础。

北宋景祐五年（1038），李元昊脱宋自立，自称皇帝，去宋封号，改元天授礼法延祚，建国号大夏，史称"西夏"。

北宋宝元二年（1039），西夏景宗李元昊写信通知宋廷，希望他们承认这一事实。可是宋朝大多数官员主张立刻出兵讨伐西夏，兴师问罪。于是宋仁宗于当年六月下诏削去元昊官爵，并悬赏捉拿。从此，长达三年之久的第一次宋夏战争全面爆发。

西夏建国后的第二年，元昊为了进一步提高国威，逼迫宋朝承认西夏的地位，便开始对宋朝边境大举进攻。延州既是宋朝西北边境的军事要地，也是西夏出入的要冲，因此成为李元昊对宋战争的第一个目标。

延州三川口之战，虽然宋朝成功抵御了西夏军队的入侵，但是损失太大，而且宋朝甘陕青宁边境的防御也处于被动地位。三川口之战以后，宋仁宗深感西夏强盛，下令封夏竦为陕西略安抚使，韩琦、范仲淹为副使，共同负责迎战西夏的事务。

康定二年（1041）二月，西夏景宗元昊再次率领十万大军大举南下攻宋，把主力埋伏在好水川口，另一部分攻打怀远（今宁夏西吉东部），声称要攻打渭州（今甘肃平凉），诱宋军深入。好水川之战，宋军失利。宋仁宗闻知后震怒，贬斥此役主将韩琦、范仲淹。

庆历二年（1042），李元昊谋臣张元献计。张元认为，宋朝的精兵良将全部都聚集在宋夏边境地区，宋朝关中地区的军事力量却十分薄弱，如果西夏大军牵制宋朝边境地区的军队，使宋朝无暇顾及关中地区，然后即可派一支劲旅乘机直捣关中平原，攻占长安。李元昊采纳了张元的建议，派遣十万大军兵分两路大规模进攻宋朝：一路从刘燔堡出击，一路从彭阳城出发向渭州发动攻击。宋将王沿闻知，急忙派葛怀敏等人率军增援刘燔堡，宋军在定川寨陷入西夏军队的重围，宋军大败，葛怀敏等十五员将领战死，宋军几乎全军覆灭。西夏另一路遇到了宋朝原州知州景泰的顽强抵抗，西夏士兵全军覆灭。李元昊直捣关中的美梦就此破灭。

北宋与西夏之间发生了三川口、好水川、定川寨等三次大规模战役，虽然都以宋军失败而告终。但是西夏物价上涨，百姓十分困苦，怨声载道。再加之西夏与辽国出现矛盾等各种原因，使得西夏不得不与宋和谈。西夏天授礼法延祚五年（1042）六月，元昊派遣西夏皇族李文贵前往宋朝京城东京议和，宋仁宗表示愿意接受西夏议和建议，并将谈判全权交给太师庞籍。

宋仁宗庆历四年（1044），北宋与西夏达成协议。和约规定：西夏向宋称臣并取消帝号，元昊接受宋的封号，称夏国主；宋夏战争中双方所掳掠的将校、士兵、民户不再归还对方；从此以后，如双方边境的人逃往对方领土，都不能派兵追击，双方互相归还逃人；宋夏战争中西夏占领的宋朝领土以及其他边境蕃汉居住地全部归属宋朝，双方可在自己疆土上自建城堡；宋朝每年赐给西夏银五万两，绢十三万匹，茶二万斤；另外，每年还要在各种节日赐给西夏银二万二千两，绢二万三千匹，茶一万斤。宋仁宗同意了元昊提出的要求，于是宋夏正式达成和议，史称"庆历和议"。1045年，宋应元昊请求，在边境设置贸易市场，恢复了贸易往来。以后几十年间，双方在边境地区进行贸易，经济文化交流十分密切。这次平等和议换得了宋夏将近半个世纪的和平。

　　1251 年 7 月 1 日，忽必烈长兄蒙哥登基成为大蒙古国皇帝，即蒙古帝国大汗，是为元宪宗，因为忽必烈在蒙哥的同母弟中"最长且贤"，蒙哥即位后不久即任命忽必烈负责总领漠南汉地事务。在这段时间内，忽必烈任用了大批汉族幕僚和儒士，并提出了"行汉法"的主张。儒士元好问和张德辉还请求忽必烈接受"儒教大宗师"的称号，忽必烈高兴地接受了。忽必烈尊崇儒学，"好儒术，喜衣冠，崇礼让"。

　　1252 年，宋军攻打河南边地。忽必烈请蒙哥在河南设经略司，蒙哥任命史天泽、杨惟中、赵璧为经略。6 月，忽必烈前往草原觐见蒙哥，奉命率军征云南。

　　1253 年，忽必烈受命与另一大将兀良合台一起南征云南，消灭了大理国。他将兀良合台留在云南镇守，自己班师回朝。不久以后，便在金莲川建立藩府，修筑宫室，继续任用汉族知识分子为谋士，整顿地方行政，藩府势力不断壮大。这引起了蒙哥的猜疑和不满。蒙哥派人到关中来查核税赋，真正目的则是对忽必烈的势力进行打击和限制。忽必烈当然知道哥哥来者不善。他听从手下谋士姚枢的主意，亲自把自己的家小送到和林作为人质，并对蒙哥说："如果我有二心，背叛朝廷，你就把我的家人都杀了吧！"蒙哥听了此话，稍稍消除了疑虑。他停止了在关中的查核税赋工作，但是把忽必烈在那里设置的汉族模式的机构全部撤销了。

1258年，蒙哥派去西征波斯等地的旭烈兀送来了胜利的消息，蒙哥因而决定兵分三路伐宋，统一天下。他亲自领兵打四川，命宗王塔察儿打鄂州，兀良合台打潭州。可南宋军队早有防备，蒙哥攻合州钓鱼城攻了五个月也没攻下来，塔察儿也一直过不了长江，蒙哥只得命忽必烈去替换塔察儿。

忽必烈早年攻宋时，就知道襄樊地位重要，后经商挺、郝经、郭侃等谋臣建策，逐渐形成了先取襄樊的战略。

公元1267年，京湖制置使吕文德犯了一个让人哭笑不得的严重失误，他竟然允许蒙古军在襄樊城外建库房。于是蒙军很快就建筑起了堡垒，断绝了襄阳的粮道。吕文德明白自己误事了，又气又急，一病不起，于1268年病故。

公元1268年，忽必烈派阿术为主将、刘整为副将，率领蒙古军队和降蒙的南宋水师攻打襄阳，最后一次襄阳战役拉开序幕。在得知襄阳被包围后，宋王朝急忙下令四川和两淮的援军增援襄阳。同时京西安抚制置副使、襄阳知府吕文焕也几次主动出击，力图打破蒙军的包围，但是都没有成功。

1269年3月，两淮都统张世杰率马步舟师最先赶到襄阳，与蒙军在襄阳东南的汉江上进行了一场大战。张世杰不敌蒙军，被迫退回。随后赶到的四川安抚制置使夏贵则利用春季汉水暴涨，用战船将粮衣等物资送入襄阳城内。同年6月，荆鄂都统唐永坚自襄阳城杀出，结果兵败被俘投降。同年 7 月，夏贵率 5 万军队、3 千艘战船再度增援襄阳，却遭到沿江堡垒蒙军的猛烈阻击，增援未果。

襄阳城已经面临巨大的困境。元军又大举围攻樊城，樊城失陷后，襄阳再无所恃，城中也早已粮柴短缺，士气低落。在这个时候，元朝派人劝降，吕文焕举城投降，襄阳战役正式结束。

元军突破襄樊，宋廷朝野大为震动，急忙调整部署，把战略防御重心退移至长江一线。忽必烈采纳左右大臣的建议，增兵 10 万，乘胜大举攻宋。在攻打南宋时，他听从汉人官员姚枢、刘秉忠的劝告，严禁屠杀无辜百姓，他说："贤明的君王出征，目的是在征服敌人，而不是屠杀老百姓。滥杀无辜只会伤了国家的元气！"

1276 年，宋恭宗赵显率百官于临安降元。

元世祖忽必烈是中国历史上一位著名的少数民族政治家和军事家。他建立了一个疆域广阔的庞大帝国，结束了中国数百年来军阀割据和辽、金、西夏等民族政权长期并立的分裂局面，进一步加强了国内各民族之间的经济文化联系。

元朝末年，朝政废弛，社会动乱，各地农民起义如火如荼。

1352年，郭子兴起义占据濠州。郭子兴死后，朱元璋成为这支起义军的领袖，收罗人才，整顿军队，势力日渐壮大。他采纳刘基等人的建议，制定先夺取金陵，以此为基地平定江南，最后攻灭元朝，夺取北方，统一全国的计划。

1355年，朱元璋在巢湖水寨首领廖永安、俞通海率战舰千艘投诚后，渡过长江，攻占太平。次年，又率水陆大军攻下集庆，改名应天，实现了第一步战略计划。此后数年，由于刘福通领导的红巾军在北方牵制了大量元朝兵力，朱元璋得以先后攻占苏南、皖南、赣北和浙江的部分地区，并开始向东与张士诚、方国珍，向西与陈友谅的势力相接触。朱元璋要平定江南，实现第二步战略计划，势必要同他们，特别是与陈友谅进行激烈的争夺。陈友谅控制了安庆、九江、武昌三个战略重镇，占地广阔，力量强大，仅水军力量就十倍于朱元璋。因此，陈友谅是朱元璋平定江南的最大障碍。他们之间的争战，不仅关系到彼此之间的生死存亡，也必将是争夺南部中国的战略之战。

陈友谅为人凶狠，他随徐寿辉、倪文俊起事。徐寿辉做皇帝，封他为元帅。后来，他谋杀了徐寿辉、倪文俊二人，独自控制军权，自己做了皇帝，国号为汉。

1360年，陈友谅派人邀约张士诚共同出兵攻打朱元璋。张士诚犹豫不决，陈友谅便独自带着兵船，从江州沿长江东下，驻兵采石，向应天府扑来。

面对十倍于己的汉军，应天城里气氛十分紧张，有主张弃城逃跑的，有主张开门迎降的。只有军师刘基分析张士诚胆怯多疑，没有把握不会出兵；而陈友谅凶猛少智谋，汉军虽多，但远道奔袭，孤军深入，军队疲劳。建议用计引诱他偷袭金陵城，然后设下伏兵，打他一个出其不意。

朱元璋采纳了刘基的计策，让陈友谅的旧相识康茂才写了封诈降信。信中说应天城内空虚，汉军尽快分三路来攻，有康茂才做内应，金陵一举可破。送信去的是康家老仆，也曾在陈府服侍过。

陈友谅接到诈降信后毫不起疑，率领大军直奔应天而去。结果可想而知，被朱元璋伏兵杀得措手不及，毫无还手之力。

陈友谅元气大伤，但不甘心失败。他仍把守着湖南、湖北大片土地，依旧是朱元璋的劲敌。为了报仇雪恨，陈友谅精心建造了数百艘装备精良的大型战舰。这种战舰高数丈，上下三层，外包铁皮，上层载兵，下层载橹工。每船数十条橹，行驶如飞。

1363年，陈友谅将他的家属与文武百官都搬到了船上，孤注一掷，号称六十万大军，乘朱元璋出兵解救安丰之围的时候，向东袭来。然而陈友谅又犯了个战略错误：他没有乘应天空虚，直捣朱元璋的老巢，而是用重兵围攻防守严固的洪都城，连续数月，久攻不下，丧失了战机。

朱元璋解了安丰之围，急忙调集二十万军队来救洪都。陈友谅将水军撤到鄱阳湖上，企图利用其舰船高大、数量众多的优势，消灭朱元璋的主力。朱元璋命令各军封锁住鄱阳湖出口，与陈友谅决一死战。双方展开激战。朱军大将徐达身先士卒，率舰队勇猛冲击，击败陈军前锋，毙敌一千五百人，缴获巨舰一艘。俞通海乘风发炮，焚毁陈军二十余艘舰船，陈军死伤甚众。朱军伤亡也不少，尤其是朱元璋座舰搁浅被围，险遭不测。战斗呈胶着状态，从清晨至日暮，双方鸣金收兵，战斗告一段落，互有伤亡，不分胜负。

朱元璋亲自率领水师出战。但陈舰巨大，朱军舰小，朱军不能仰攻，接连受挫。这时朱元璋及时采纳了部将郭兴的建议，改用火攻。黄昏时分，湖上吹起东北风，朱元璋选择勇士驾驶7艘渔船，船上装满火药柴薪，迫近敌舰，顺风放火，风急火烈，火势迅速蔓延。一时烈焰飞腾，湖水尽赤，转瞬之间烧毁了陈军数百艘巨舰，陈军死伤过半，陈友谅的两个兄弟及大将陈普略均被烧死。朱元璋乘势发起猛攻，毙敌二千余人。

俞通海等人率领六舰突入陈军舰队，勇敢驰骋，如入无人之境。朱军士气大振，发起猛烈攻击。最后，陈军不支败退，遗弃的旗鼓器仗，浮蔽湖面。陈友谅只得收拢残部，转为防御，不敢再战。当天晚上，朱元璋乘胜进扼左蠡，控制江水上游。两军相持三天，陈军屡战屡败，形势越来越不利。陈友谅两员大将见大势已去，于是投降了朱元璋。陈军内部军心动摇，力量更加削弱。陈友谅又气又恼，下令把抓到的俘虏全部杀掉以泄愤。而朱元璋却反其道而行之，将俘虏全部送还，并悼死医伤，瓦解陈军士气，从而大得人心。陈军内部分崩离析，士气更加低落。朱元璋判断陈军可能突围退入长江，于是移军湖口，在长江南北两岸设置木栅，置大舟火筏于江中，又派兵夺取蕲州、兴国，控制长江上游，堵住敌人归路，等待时机歼灭敌人。

经过一个多月的对峙，陈友谅被困湖中，军粮殆尽，计穷力竭。陈友谅决定孤注一掷，冒死突围，结果中箭而死，军队溃败，五万余人投降。

朱元璋消灭了陈友谅，腾出兵力，先后平定了东吴张士诚、浙东方国珍，扫荡了福建、两广的元朝残余势力，南方半壁江山基本归入朱元璋的掌握之中。

1368 年，朱元璋在应天即皇帝位，国号大明，改元洪武。

努尔哈赤崛起

　　努尔哈赤是大清王朝的前身——东北后金国的缔造者。嘉靖三十八年（1559），努尔哈赤出生在赫图阿拉建州左卫一个小部落酋长家中。努尔哈赤从小聪明好学，喜欢看书。明代中晚期，女真部族之间动荡不安，经常互相厮杀，统一女真部落成为女真族迫切的需要。

　　万历十一年（1583），努尔哈赤的爷爷与父亲为女真另一个部落与明军联合所杀，年仅 25 岁的努尔哈赤悲愤交加，率部起兵。凭借卓越的军事才干，努尔哈赤先是花了十年时间统一了建州的女真部落，接着降服了海西、野人等众多分散的女真部落。努尔哈赤的势力日渐强大。在其崛起的过程中，对内，努尔哈赤逐渐建立起了经济、军事一体化的八旗制度，为其征战提供后方保证；对外，在起兵后 30 年间，努尔哈赤都实行尽量稳住明朝、避免引起其注意的策略。他拜明朝辽东总兵李成梁为干爹，更是为其崛起赢得了极大便利。

　　万历四十四年（1616），努尔哈赤自觉羽翼丰满，在今辽宁新宾县称汗，建立后金，表面上向明称臣。万历四十六年（1618），努尔哈赤起兵叛明，在萨尔湖大战中战胜前来征剿的明军六万余人。明朝廷提起努尔哈赤这个人的时候，无一不色变，以致无人敢到辽东做官。1625年，后金迁都沈阳，基本控制了整个东北。1626年，努尔哈赤战死。

1644年，清军入关，尊努尔哈赤为清太祖。

图书在版编目(CIP)数据

中华传统文化主题故事读本. 革故鼎新/高滨,杜威主编.—杭州:浙江古籍出版社,2018.6
ISBN978-7-5540-1250-5

Ⅰ.①中… Ⅱ.①高… ②杜… Ⅲ.①中华文化-青少年读物 Ⅳ.①K203-49

中国版本图书馆CIP数据核字(2018)第088980号

中华传统文化主题故事读本·革故鼎新

高 滨 杜 威 主 编

出版发行	浙江古籍出版社
	(杭州市体育场路347号)
网 址	www.zjguji.com
选题策划	关俊红
责任编辑	伍姬颖
责任校对	余 宏
美术设计	刘 欣
封面绘图	懒懒灰兔
责任印务	楼浩凯
照 排	杭州兴邦电子印务有限公司
印 刷	杭州富阳美术印刷有限公司
开 本	880mm×1230mm 1/32
印 张	4.75
字 数	130千字
版 次	2018年6月第1版
印 次	2018年6月第1次印刷
书 号	978-7-5540-1250-5
定 价	18.00元